마을목회 성경공부 교재
마을과 함께 주민과 더불어

주민과 더불어 마을목회 실천하기(3권)

〈마을목회 성경공부 교재〉 마을과 함께 주민과 더불어

주민과 더불어 마을목회 실천하기(3권)

2018년 9월 3일 초판 1쇄 인쇄
2018년 9월 8일 초판 1쇄 발행

엮은이 총회한국교회연구원
펴낸이 김영호
펴낸곳 도서출판 동연
등 록 제1-1383호(1992. 6. 12)
주 소 (03962) 서울시 마포구 월드컵로 163-3
전 화 (02)335-2630
전 송 (02)335-2640

Copyright ⓒ 총회한국교회연구원, 2018

이 책은 저작권법에 따라 보호받는 저작물이므로 무단 전재와 복제를 금합니다.
잘못된 책은 바꾸어드립니다.
책값은 뒤표지에 있습니다.

ISBN 978-89-6447-470-9 03200(세트)
ISBN 978-89-6447-473-0 03200

마을과 함께 주민과 더불어

총회한국교회연구원
〈2018 마을목회 성경공부 교재〉

주민과 더불어 마을목회 실천하기

3권

총회한국교회연구원 편
책임 편집 신정

동연

발간사

"거룩한 교회, 다시 세상 속으로"라는 총회 주제처럼 이미 세상 속으로 들어가 '빛과 소금'의 삶을 살고 계신 모든 사역자들과 주님께서 펼치신 섬김과 사랑으로 현장에서 목회하고 계신 목회자들이 함께 힘을 모아 『마을목회 성경공부 교재: 마을과 함께 주민과 더불어』를 발간할 수 있게 하신 하나님께 기쁨과 영광을 올려드립니다.

이번에 발간하게 된 『마을목회 성경공부 교재: 마을과 함께 주민과 더불어』는 현장 목회자뿐 아니라 성도 양육을 담당하고 있는 모든 분에게 도움이 되고자 하는 마음으로 시작된 연구프로젝트였습니다. '마을목회'는 목회자와 리더를 비롯한 구성원들이 함께 엮어가는 한 편의 드라마와 같습니다. 예수께서 마을을 두루 다니시며 병든 자, 억눌린 자, 가난한 자들을 만나 고치시고, 해방시키시고, 채워주셨듯이 이웃과 함께하는 것이 '마을목회'입니다.

'마을목회'는 공동체와 이웃의 어려운 이들을 돕는 것을 넘어, 지역사회를 복음화 하는 큰 장점을 가지고 있습니다. 한국교회의 성장은 정체단계를 지나 침체의 위기 앞에 놓여있습니다. 교회를 향한 불신과 거센 반감은 주변에서 쉽게 접할 수 있습니다. 이런 목회환경에서 교회와 사회, 성도와 목회자 모두 주 안에서 충만할 수 있는 목회가 마을목회입니다.

불과 50년 전만해도 우리는 이웃의 숟가락까지 셀 수 있을 정도의 생활구조였습니다. 1960년대는 먹을 것이 부족한 시대였지만, 옆집에 끼니를 걱정하며 내 것을 나누는 '정'도 넘쳐나던 시절이었습니다. 안타깝게도 지금은 모든 것이 파편화되어 조각난 현실입니다. 강력한 접착제가 필요한 시대입니다. 찢기고 깨져버린 이 현실을 회복시킬 수 있는 강한 힘은 오직 주님의 사랑뿐입니다. 예수님께서 십자가에서 보여주신 헌신과 섬김의 '사랑', 그 사랑이 교회를 채워 완전히 회복시킵니다. 주님의 사랑이 교회에 차고 넘쳐 이웃으로 마을로, 지역과 나라, 온 세계로 흘러가게 해야 합니다. 하나님의 나라는 이렇게 이 땅에서부터 실현됩니다.

집필에 함께해주신 목사님들과 교수님들의 노고에 진심으로 감사드립니다. 또한 이일이 잘 진행되도록 애써주신 원장 노영상 목사님과 실장 김신현 목사님, 간사 이정희 전도사님의 수고에도 감사의 마음을 전합니다. 항상 본 연구원을 위해 기도와 관심으로 살펴주시는 이사님들과도 발간의 기쁨을 함께 나눕니다. 이 성경공부교재를 가지고 진행하시는 모든 양육과 성경공부가 성공적으로 진행될 수 있기를 희망합니다. 하나님의 은혜와 평강이 모두에게 함께하시기를 기도합니다.

이사장 채영남 목사
(총회한국교회연구원)

추천사

하나님께서 창조한 이 세상을 바라보면, 세상을 사랑하사 독생자 예수님을 우리에게 보내신 주님의 크신 사랑으로 가슴이 뜨거워집니다. 하나님의 사랑 그 자체인 예수님은 제자들과 동고동락하시며 마을을 두루 다니시며 병든 자에겐 치유를, 눌린 자에게 자유를 선포하셨습니다. 이런 예수님의 실천적인 삶을 따라 우리도 마을을 두루 다니며 치유와 자유를 선포해야 할 것입니다. 120년 전, 복음을 들고 황무지와 같던 이 땅을 밟은 선교사들의 숭고한 정신으로부터, 가난과 기근의 시대, 자유민주주의를 수호하던 시대까지 교회는 세상에 요구에 답하며, 길을 제시하고 시대의 나아갈 바를 가리키며 실천하였습니다. 이 땅은 풍요롭고 번영된 삶은 하나님의 축복으로 되었음을 인정하지 않을 수 없습니다. 그러나 지금의 시대, 풍요하나 빈곤한, 자유하나 늘 외로운 시대, 단절되고 파편화된 이 시대의 요청에 교회는 어떤 대답을 하고 있습니까? 어떤 길을 제시하고 있습니까?

수십 년을 거치면서 한국교회의 현실은 냉담과 무관심 속에 어려워졌습니다. 강퍅한 삶의 무게 속에서 하나님에 대한 사랑도 점차 시들해가고 있습니다. 종교다원주의를 비롯한 반기독교적인 세력 등의 공격은 나날이 더 과격해지고 있습니다. 하나님이 창조하시고 우리를 통해 세상을 다스리시는 하나님의 선교가 이 땅에 온전히 실현되기 위해선 무엇을 어떻게 해야 할까요?

우리의 모습이 교회라는 성 안에서만 생활하는 것은 아닌가 생각해봅니다. 이젠 문을 열고 나와 할 때입니다. 주님께서 마을을 두루 다니시며 하나님의 사랑을 실현하셨듯이 우리도 그렇게 해야 합니다. 세상을 섬기는 교회로 거듭나야 합니다. 이것이 시대의 요청이며, 하나님의 요청입니다.

마을목회가 절실히 필요한 시대입니다. 네 이웃을 네 몸과 같이 사랑하라는 말씀을 구체적이고 현실적으로 실천할 수 있는 마을목회가 실현돼야 합니다. 농촌 지역뿐 아니라 도시지역을 비롯한 나라와 전 세계에서 필요합니다.

이런 때에 마을목회에 대한 고민을 성경을 통해 배우며 실천할 수 있는 교재가 발간되어 매우 기쁩니다. 구약과 신약에 드러난 마을목회에 대한 말씀연구가 좋습니다. 특히 나눔과 묵상을 통한 실천을 할 수 있도록 한 것이 좋습니다. 무엇보다 현재 마을목회를 현장에서 실천하고 계신 권위자들께서 동참해주셔서 실제적인 교재로 완성되어 좋습니다. 부디 이 교재를 통해 교회가 생명력 있는 마을교회로 거듭나 역동적인 마을목회를 할 수 있는 기회가 될 수 있기를 기대해봅니다.

제102회기 총회장 최기학 목사

(대한예수교장로회 총회)

| 차 례 |

발간사 / 04
추천사 / 06
마을목회의 핵심 전략 / 11

1권 | 하나님 나라를 구현하는 마을목회   김도일

1장_ 하나님의 선교와 마을목회
2장_ 마을목회의 세계관
3장_ 마을목회와 하나님 나라 공동체
4장_ 마을목회와 지역교회의 연대
5장_ 마을목회와 선교적 교회론
6장_ 하나님 나라 사역으로서의 마을목회

2권 | 마을과 함께하는 교회   한국일

1장_ 예배의 장소에서 마을로 들어간 사마리아 여인
2장_ 공동체 기도의 전형인 주기도문
3장_ 교회교육과 지역사회 교육
4장_ 마을에서 세계로
5장_ 사회적 약자에 대한 섬김과 나눔의 책임적 신앙
6장_ 진정한 하나님의 사랑

3권 | 주민과 더불어 마을목회 실천하기   신 정

    1장_ 생수의 강이 흐르게 하라 (광양대광교회) | 신 정   19
    2장_ 마을 속으로 (도심리교회) | 홍동완   27
    3장_ 마을에서 만난 예수 (부천새롬교회) | 이원돈   37
    4장_ 마을을 치유하는 교회 (태백연동교회) | 최준만   51
    5장_ 마을목회와 코이노니아 (성암교회) | 조주희   63
    6장_ 국경 없는 마을 (나섬공동체) | 유해근   73

4권 | 세상을 살리는 마을목회   노영상

    1장_ 건강한 생태계를 만드는 마을목회
    2장_ 함께 만들어 가는 희망의 복지공동체
    3장_ 마을목회와 경제공동체
    4장_ 아름다운 환경공동체 만들기
    5장_ 건강한 마을교육공동체 만들기
    6장_ 마을목회와 문화 공동체

마을목회의 핵심 전략

그리스도의 진정한 사랑으로 마을을 품고 세상을 살리는 목회

2017년 대한예수교장로회 102회 총회(통합)는 최기학 총회장을 중심으로 마을목회를 정책과제로 삼고 운동을 시작해왔다. 마을목회는 한국교회 정체기에 있어 각 교회들이 실천한 생존전략들을 이론화한 실천적 목회 전략인 것이다. 마을목회는 제102회 총회의 주제인 '거룩한 교회 세상 속으로'를 구현하기 위한 목회 방안으로 핵심 전략은 다음과 같다.

1. '마을'이란 주로 시골지역에서 여러 집이 모여 사는 곳을 말한다. 그러나 '마을목회'는 농어촌 지역의 목회 전략을 말하는 것이 아니다. 마을이 하나의 **공동체**를 이뤄 그곳의 주민들이 서로 도우며 살 듯, 도시에서도 이런 공동체를 이루며 사는 것이 필요한바, 지역공동체로서의 **하나님 나라**를 동네 속에 세우기 위한 목회가 마을목회다.

2. 교회에는 여러 사명이 있다. 복음전도, 예배, 교육, 교제, 사회봉사 등이다. 마을목회는 이런 기능들 중 교회의 **사회봉사 영역에 치중한 목회 방안**이다. 그간 한국교회는 복음전도, 제자훈련, 예배 및 교육 등의 일들을 잘 수행해왔다. 그 같은 노력과 함께 마을목회로서의 대사회적인 교회의 기능이 잘 수행된다면, 보다 활력 있는 하

나님의 선교가 가능해질 것이다.

3. 마을목회는 주님의 십자가의 능력과 성령의 감화를 강조하는 목회 방안이다(갈 5:16-26). 주님의 칭의의 능력이 아니고는 아무도 이웃을 진정으로 사랑할 수 없는 것으로, 우리는 항상 주님께 의존하며 기도하면서 마을과 온 세상의 샬롬을 이뤄나가야 할 것이다(막 9:29, 사 11:1-9). 이와 같이 마을목회는 오늘의 시대에 기독교 사랑의 진정성을 보여주려는 목회 방안으로(요일 3:16-18), 우리는 **믿음에 따른 사랑의 실천이** 주님의 복음을 왕성하게 할 수 있음을 믿는다(마 5:16).

4. 마을목회는 이론에 앞서 실천을 중시하는 목회다. 마을목회는 본 교단의 교회들이 전개한 현실 목회에서의 노력들을 살펴 만들어낸 이론으로 **실천성**을 강조하는 운동이다. 그러므로 마을목회는 신학을 위한 신학이 아니라 교회를 위한 신학을 강조한다. 이전 해외에서 한국을 대표하던 신학으로 민중신학이 있었다. 사회현실과는 밀착된 신학이었지만 목회현실과는 거리가 있는 신학이었다. 이에 비해 마을목회는 목회현장에 충실한 사회봉사 신학으로, 사랑의 실천을 구체화하는 목회 방안인 것이다.

5. 마을목회는 **개인적 행복과 함께 공동체적 행복에** 관심을 갖는다. 이런 견지에서 마을목회는 지역사회를 공동체적 가치를 통해 만들어나가는 것을 강조한다(요 17:21-23). 마을목회는 오늘 우리 사회의 위기가 지나친 개인주의적 삶의 방식에 기인한 것으로 분석하여, 경제, 교육, 복지, 환경, 문화 등 사회 각 분야에 기독교가 강조

하는 사랑의 하나 됨과 공동체성을 불어넣을 것을 주창하는 목회 전략인 것이다.

6. 마을목회는 교회 밖의 주민들도 회개하고 믿기만 하면 주님의 자녀가 될 수 있는 **잠재적 교인**으로 생각하며, 그들을 목회의 대상 안에 포함시키는 운동이다(롬 3:29-30). 이런 의미에서 마을목회는 "마을을 교회로, 주민을 교인으로"라는 표어를 주창한다(요 3:16). 주님은 우리 안의 99마리의 양을 두고, 길 잃은 한 마리의 양을 찾아 나서시는 분이시다(마 18:12-14).

7. 마을목회는 **평신도 사역**을 강화하는 목회 전략이다(고전 12:4-31). 평신도의 역량을 강화하여 그들을 주민자치와 교회사역의 전면에 내세우는 목회가 마을목회다. 우리는 마을목회를 통해 대사회적인 봉사의 일은 평신도들이 우선적으로 담당케 하며, 목회자는 기도하고 설교하는 일에 전념하는 분담이 필요하다.

8. 마을목회는 지방자치 분권화를 통해 **마을 만들기 운동**을 전개함으로 우리 사회의 풀뿌리 민주주의를 정착시키려는 노력을 지지한다. 이에 마을목회는 관 주도적인 하향식 운동이 아니며, **주민주도적인 상향식 운동**이다. 이에 마을목회는 복음을 통해 마을 공동체를 행복하게 만드는 일에 교인과 주민이 앞장서는 주체적 시민의식을 강조하며, 마을의 일을 위해 함께 의논하는 민주적 소통을 중시한다.

9. 마을목회가 가능하려면 주민들의 주체적 역량이 전제되어야 한다(벧전 2:9). 마을 만들기를 위해서는 주민들의 자주성과 소통능력, 마을을 개발하는 일을 위한 핵심 역량과 주민의 민주적 시민정신

이 함양되어야 하는 것으로, 이를 위해 지역사회와 교회는 주민들의 **역량을 강화하는 교육**에 관심을 두어야 한다. 이에 제자직을 위한 성경교육과 시민직을 위한 시민교육이 중요할 것이다(마 28:19-20, 딤후 3:16).

10. 마을목회는 **삼위일체 하나님 안에 나타난 생명성**을 온 세상에 퍼뜨리는 운동이다(요 17:21). 삼위일체 하나님께서 세 분이시면서 하나이신 것과 같이, 우리는 개인주의와 집합주의를 넘어서는 기독교 복음의 강조점을 나타내보여야 한다. 이에 마을목회의 사역을 위해서는 상호 간 하나 됨과 네트워크가 중시된다(고전 12:12). 마을 속의 주민들의 연대, 교회들의 연대, 교인과 마을 주민 사이의 네트워킹, 교회와 관청, 마을의 학교와 기업 등과의 폭넓은 사귐과 관계적 통전성이 이런 마을목회를 활력 있게 할 것이다.

11. 교회가 성장하려면 교회 밖의 사람들을 전도하고 선교해야 하는데, 이를 위해서는 그들과의 접촉이 확대되어야 한다. 마을목회는 교회의 문턱을 낮추는 목회 전략으로, 교회의 봉사를 통해 **교회 밖의 사람들과 관계망을 확장**하여 그들이 교회 안으로 들어와 주님의 자녀가 되는 것을 쉽게 하는 목회 전략이다.

12. 마을목회는 전략을 세워 사회봉사의 사역을 추진하는 **과학적 목회 방안**으로 지역사회 개발 이론, 역량강화 이론 및 전략기획 이론 등의 방법론을 사용한다. 마을목회는 실천과 함께 일의 기획 과정과 사후 평가를 중시하는 목회 방식이다(엡 1:11).

⟨영문 번역⟩

The Core Strategies of Village Ministry

The Ministry to Brood the Village and Save the World, with the True Love of God

1. VM(Village Ministry) is the ministerial strategies of **urban cities** as well as farming and fishing villages.
2. VM is the ministerial device, concentrating **diakonia** of ecclesiastical functions.
3. VM is the movement showing the Christian true love toward the world, in Christ and the Holy Spirit(1Jn 3:16-18). We believe our **demonstrating God's love** will make church's evangelism vigorous(Mat 5:16).
4. VM is a device regarding **practice** as important. We have made this theory of VM, reflecting the practical endeavors of local church for their survival.
5. VM emphasizes both individual happiness and **communal happiness**(Jon 17:21-23).
6. VM regards the people out of church as the pre-Christians(Rom 3:29-30). They can be the Christians only through repentance and believing(Mat 18:12-14). So VM declares as the following motto;

"Whole Village as Extended Church, Whole Residents as Potential Church Members"(Jon 3:16).
7. VM emphasizes the lay-ministry for local service(1Co 12:4-31).
8. VM is connected with the village building movement(community development) of secular society as the down-up movement, leaded by not government officials but residents.
9. VM premises the independent and democratic empowerment of residents. So biblical education and civil education are necessary for VM(Mat 28:19-20, 2Ti 3:16).
10. VM is the movement based on the life characteristics of 'unity in diversity' in the doctrine of trinity(Jon 17:21). Therefore VM looks the network with various organizations as necessary(1Co 12:12). It is the important element to strengthen the solidarity among local churches for VM.
11. The expansion of relationship due to diakonia with the people out of church will strengthen the church's evangelism and foreign mission.
12. VM is the scientific ministerial methodology, adopting the means of the community development theory, the empowerment theory and the strategic planning(Eph 1:11).

총회한국교회연구원 〈2018 마을목회 성경공부 교재〉

마을과 함께 주민과 더불어

주민과 더불어
마을목회 실천하기

3권

1장_ 생수의 강이 흐르게 하라 (광양대광교회)
2장_ 마을 속으로 (도심리교회)
3장_ 마을에서 만난 예수 (부천새롬교회)
4장_ 마을을 치유하는 교회 (태백연동교회)
5장_ 마을목회와 코이노니아 (성암교회)
6장_ 국경 없는 마을 (나섬공동체)

1 장
생수의 강이 흐르게 하라
(광양대광교회)

> **스가랴 14장 8절**
>
> 그 날에 생수가 예루살렘에서 솟아나서 절반은 동해로, 절반은 서해로 흐를 것이라 여름에도 겨울에도 그러하리라

1. 물은 생명의 근원

그는 시냇가에 심은 나무가 철을 따라 열매를 맺으며
그 잎사귀가 마르지 아니함 같으니 그가 하는 모든 일이 다 형통하리로다(시 1:3).

이 세상의 모든 생명은 '물'을 필요로 합니다. 물은 생명의 근원이기 때문입니다. 때를 따라 열매 맺는 인생을 살고, 잎사귀가 마르지 않는 생동감 있는 삶, 실족하지 않고 형통한 인생은 생명의 물을 끊임없이 공급받을 때 얻을 수 있습니다. 복되고 만족함

이 있는 인생을 살기 위해서 '물'이 필요합니다.

성경에서 우물은 물을 얻을 수 있는 곳이고, 이것은 하나님과의 관계를 말하는 것입니다. 이삭이 거주지를 옮길 때 마다 샘의 근원을 먼저 찾았습니다. 유목민족이었던 유대인들에게 물은 생명보다 귀한 것이었습니다. 사막과 고온 건조한 기후 속에서 살아남기 위해서 이삭과 그들은 우물을 찾았고, 이삭은 종들을 시켜서 우물을 팠습니다. 하지만 블레셋 사람들이 거주하고 있던 곳에 우물을 팠기 때문에 그들에게 우물을 양보할 수밖에 없었습니다. 그리고 옮기를 여러 번 한 끝에 이삭은 좋은 우물을 얻을 수 있었습니다. 우물을 파고 양보하고 다시 우물을 찾아 움직였지만, 움직일 때마다 하나님께서 함께 하셨기에 이삭은 샘을 얻을 수 있었습니다. 이것은 무엇을 의미합니까? 임마누엘의 하나님께서 함께 하실 때 우리에게는 육체의 갈증을 해소하는 생수뿐만 아니라 영적인 생수까지도 공급받을 수 있는 것입니다.

〈질문 1〉 창세기 26장 12-25절을 읽고 답해 보자. 이삭이 거주지를 옮길 때마다 가장 먼저 한 것은 무엇인가?

2. 세상에서 성경으로: 아쿠아 처치(Aqua Church)

에스겔 47장 1-12절, 요한복음 4장 13-15절, 요한계시록

21장 6절, 요한계시록 22장 1-2절을 찾아 읽어봅시다.

하나님은 세상을 사랑하셔서 독생자를 보내셨고, 그 아들을 보내신 것은 세상을 심판하려는 것이 아니라 세상의 구원을 하시기 위함이었습니다. 그러므로 제자로 부르심을 받은 교회는 세상 속으로 나아가야 합니다. 에스겔 47장 1-12절을 보면, 성전에서 흘러나온 물이 이르는 곳마다 생명이 다시 살아나고 열매가 맺혔습니다. 오늘날 교회는 세상의 희망이 될 수 있어야 합니다.

〈질문 2〉 스가랴 14:8에서 '그 날'은 언제이며, 동해와 서해로 흐르며, 여름과 겨울에 흐른다는 것은 무엇을 의미하는가? 말씀에 의하면 하나님의 생수를 공급받아야 할 사람은 누구인가?

우리는 하나님의 생수가 되어 마을을 적셔야 합니다. 물이 되어 세상 속으로 흘러 들어가기를 원하며 Aqua church를 꿈꾸는 교회의 모습은 어떠해야 합니까? 지역 속으로 들어가 마을을 적시는 물이 된다는 것은 무엇을 의미하나요? 그것은 생명의 물이신 예수님의 사역을 통해서 알 수 있습니다.

세상에서 '물'처럼 갈증을 해소해주시고 치유의 역사를 베푸신 예수님의 사역을 우리는 알고 있습니다. 다시 말해서 하나님 나라의 진리를 선포하시며 우리에게 회개하라고 말씀하셨습니다. 그리고 직접 소외되고 눌린 자들에게 자유를 주시고 병에서 고침을 받도록 하셨습니다. 이것이 바로 예수님의 사역이셨습니다.

예수님은 그저 말로만 하나님 나라를 선포하지 않으셨습니다! 하나님 나라에서 누리게 되는 복을 그분의 사역을 통해서 보여주셨습니다. 예수님을 통해 사람들은 참된 생수를 얻게 되고, 하나님을 따르게 되었습니다. 우리도 말로만이 아닌 물이 되어 세상 속으로 흘러가야 합니다(마태복음 5장 13-16절, 22장 37-40절, 베드로전서 2장 9절, 에베소서 2장 10절).

우리는 어떻게 물이 되어 세상 속으로 흘러 갈 수 있습니까? 스스로의 힘으로는 되지 않습니다. 먼저 우리 안에 물이 가득 부어져 흘러 넘쳐야 세상 속으로 흐를 수 있습니다. 메마른 사람은 '스폰지'처럼 옆에 사람 것을 뺏습니다. 그러나 촉촉이 젖은 사람은 옆에 사람도 적십니다. 그러므로 우리는 하나님의 생수를 먼저 넘치도록 촉촉이 공급받아야 합니다.

〈질문 3〉 마태복음 4장 23-25절을 읽고서 세상의 '물'이 되신 예수님의 사역을 정리해 보자. 그리고 주님의 사역에 동참하는 우리가 이제 물이 된다면 그것은 어떤 것인지 구체적으로 말해 보자.

3. 성경에서 실천으로

1) 사례: Aqua Church를 꿈꾸는 광양대광교회의 지역 사회 섬김과 나눔 사역의 예

태아, 영유아	임산부학교, 엄마품에(愛)학교, 아가방(시간제탁아서비스), 아장아장학교, 엄마랑아기학교, 아빠랑아기학교, 어린이집
아동, 청소년	꿈샘지역아동센터, 주말무지개교실, 수요어린이놀이마당, 어린이축구교실
장년	다문화임산부학교, 아버지요리학교, 다문화가정지원센터, 지역상담실, 이미용봉사자학교, 목공가구공방
노인	장수학교, 요양보호사교육원, 재가노인복지센터, 아로마요양원, 노인일자리창출사업, 노인학대예방연극팀, 치매병원 원목실
환경, 생명	유기농산물장터, 섬진강, 광양만 환경살리기 운동, 아름다운가게(재활용매장), 아로마지역웰빙센터
문화	기독서점, 아쿠아카페, 뮤지컬연극공연, 길거리공연, 문화교실, 각종 전시회(종이접기전시회, 분재, 꽃꽂이전시회, 사진전시회 등)
자원봉사	자원봉사종합센터, 이미용봉사단, 집수리(도배)팀, 해비타트, 아쿠아클리닉(외국인이주민과 노동자를 위한 무료 의료진료)
지역협력	광양사랑나눔복지재단, 광양시문예교실, 전남청소년비전스쿨 컴퓨터교실, 광양소셜리딩그룹(광양시민SNS강좌, 스마트폰강좌)

〈질문 4〉 우리 교회가 위치한 지역과 마을에 필요한 것이 무엇인지 구체적으로 적어 보자. 그 필요를 채우기 위해 교회가 세상 속에 물처럼 흘러 들어가 할 수 있

는 것이 어떤 것이 있을지 나누어 보자.

2) 실천적 과제

하나님이 능히 모든 은혜를 너희에게 넘치게 하시나니
이는 너희로 모든 일에 항상 모든 것이 넉넉하여 모든 착한 일을
넘치게 하게 하려 하심이라(고후 9:8).

내가 주는 물을 마시는 자는 영원히 목마르지 아니하리니
내가 주는 물은 그 속에서 영생하도록 솟아나는 샘물이 되리라
(요한 4:14).

예수님은 스스로를 물이라 하셨고 그 생명의 물을 우리에게 값없이 주셨습니다. 물의 속성을 살펴보고 왜 물과 같은 교회를 만들어 가야 하는지 나눠 봅시다.

- ▶ 물은 모든 것을 깨끗하게 씻어줍니다.
- ▶ 물은 세상을 심판하는 도구였습니다.
- ▶ 물은 낮은 곳으로 흐릅니다.
- ▶ 물은 자기 모습을 고집하지 않는 유연함이 있습니다.
- ▶ 물은 모든 것을 부드럽게 만듭니다.
- ▶ 물은 주변을 서서히 적십니다.

- ▶ 물은 목마름을 해결해 줍니다.
- ▶ 물은 열에 매우 민감합니다.
- ▶ 물은 아무리 작은 틈새라도 스며듭니다.
- ▶ 물은 고여 있으면 썩고, 썩지 않으려면 흘려보내야 합니다.

▶ 다음의 성경 구절을 읽고 질문에 답해 보자

"명절 끝날 곧 큰 날에 예수께서 서서 외쳐 이르시되 누구든지 목마르거든 내게로 와서 마시라
나를 믿는 자는 성경에 이름과 같이 그 배에서 생수의 강이 흘러나오리라 하시니
이는 그를 믿는 자들이 받을 성령을 가리켜 말씀하신 것이라 (예수께서 아직 영광을 받지 않으셨으므로 성령이 아직 그들에게 계시지 아니하시더라)"(요 7:37-39).

〈질문 5〉 생수의 근원은 누구인가?(37절)

〈질문 6〉 예수님을 믿는 자는 그의 삶에서 생수의 강이 흘러나온다고 하였다. 이것은 누구의 역사를 뜻하는가?

〈질문 7〉 생수의 강이 흘러나온다는 것은 무엇을 의미하는 것 같은가?

◇ 공동기도문 ◇

우리에게 생수를 부어주시는 하나님, 우리의 마음이 하나님을 향하게 하시고 하나님께서 부어주시는 생수를 통해서 우리의 육체와 영혼의 갈급함이 채워질 수 있도록 우리를 도와주시옵소서. 물은 모든 것을 깨끗하게 씻어주고, 목마름을 해결해 주며, 우리의 생명을 유지하기 위해 무엇보다 필요한 것입니다. 물을 통해 생명을 공급받는 것처럼, 말씀의 생수로 영적 생명력을 유지할 수 있도록 우리를 날마다 붙들어 주시옵소서. 우리는 삶 속에서 늘 목마릅니다. 진리의 성령님께서, 삼위 일체되신 하나님께서 오셔서 우리의 목마름을 채워주시고, 우리의 마음이 교만으로 썩어가지 않도록 우리의 마음을 청결하고 경건하게 할 수 있도록 도와주시옵소서. 예수 그리스도의 이름으로 기도합니다. 아멘

2 장
마을 속으로
(도심리교회)

마태복음 4장 12-22절

12예수께서 요한이 잡혔음을 들으시고 갈릴리로 물러가셨다가 13나사렛을 떠나 스불론과 납달리 지경 해변에 있는 가버나움에 가서 사시니 14이는 선지자 이사야를 통하여 하신 말씀을 이루려 하심이라 일렀으되 15스불론 땅과 납달리 땅과 요단 강 저편 해변 길과 이방의 갈릴리여 16흑암에 앉은 백성이 큰 빛을 보았고 사망의 땅과 그늘에 앉은 자들에게 빛이 비치었도다 하였느니라 17이 때부터 예수께서 비로소 전파하여 이르시되 회개하라 천국이 가까이 왔느니라 하시더라 18갈릴리 해변에 다니시다가 두 형제 곧 베드로라 하는 시몬과 그의 형제 안드레가 바다에 그물 던지는 것을 보시니 그들은 어부라 19말씀하시되 나를 따라오라 내가 너희를 사람을 낚는 어부가 되게 하리라 하시니 20그들이 곧 그물을 버려두고 예수를 따르니라 21거기서 더 가시다가 다른 두 형제 곧 세베대의 아들 야고보와 그의 형제 요한이 그의 아버지 세베대와 함께

> 배에서 그물 깁는 것을 보시고 부르시니 22그들이 곧 배와 아버지를 버려두고 예수를 따르니라

1. 세상 바라보기: 서로 알아가는 과정

사람과 사람과의 만남, 사람과 하나님과의 만남 등 모든 만남에는 일련의 과정을 갖는다. 처음 만났을 때 생기는 첫인상이 중요하지만 첫인상은 만남의 과정을 통해 변할 수 있다. 이번 성경공부에서는 도심리교회의 개척을 실례로 하여 교회가 마을 속으로 들어가는 과정을 네 단계로 전개해 나갈 것이다. 첫 번째는 알아가는 과정, 두 번째는 반응하는 과정, 세 번째는 신뢰하는 과정, 네 번째는 함께 꿈꾸는 과정이다.

만남의 과정의 첫 번째는 서로 알아가는 단계이다. 이 과정을 통해 앞으로의 만남이 어떻게 이루어질지가 결정된다. 참 하나님이신 예수님이 참 사람이 되셔서 이 땅에 오셨다. 이것은 예수님과 인간과의 첫 만남이다. 예수님의 공생애의 출발은 제자들을 만나시고 부르시는 것으로 시작하셨다. 성경본문에서는 예수님이 제자들을 부르시는 장면이 바로 나오지만 이전에 이미 그들을 만났다는 사실을 요한복음에서 말씀하고 있다(요 1:38-51). 즉 예수님은 제자들을 아무 과정 없이 부르시지 않았다. 예수님은 요단강에서 세례를 받으시고(마 3:13-17) 사탄에게 시험을 받았다(마

4:1-11). 그 후 사해 북쪽에 있는 베다니에서 베드로, 안드레, 빌립, 나다나엘을 만났다(요 1:38-51). 베다니에서 갈릴리 지방에 있는 가나로 가셔서 물로 포도주를 만들 때 제자들도 함께 있었다 (요 2:2). 수가라는 동네에 있는 야곱의 우물에 이르러 사마리아 여자를 만날 때도 제자들이 함께 있었다(요 4:8). 예수님은 가나에서 나사렛으로 가셨고(눅 4:16-27) 나사렛을 떠나 가버나움에 가서 사셨다(마 4:13). 예수님은 가버나움에 오셔서 사시기 전에 이미 제자들과 짧지 않은 시간을 함께 보내면서 서로 알아가는 과정이 있었다. 예수님의 부르심과 제자들의 응답 이전에 이미 서로에 대해서 많은 정보를 가지고 있었다.

〈질문 1〉 만남의 첫 번째 과정인 알아가는 단계가 중요한 이유는 이것이 앞으로 발전하게 될 과정의 방향을 결정하기 때문이다. 우리 교회와 마을과 주민들은 서로에 대해서 얼마나 알고 있는가?

2. 세상에서 성경으로: 서로 반응하는 과정

만남이 알아가는 과정을 거치면서 그것에 의해 서로 반응하게 된다. 알아가는 과정이 중요한 이유는 이것에 의해 서로에 대해서 호의적 반응을 갖게 할 수도 있고 배타적인 혹은 무관심한 반응을 갖게 할 수도 있기 때문이다.

예수님과 제자들은 서로에 대한 반응이 있었다. 예수님은 베드로와 안드레를 갈릴리가 아니라 사해 북쪽에 위치한 요단강 근처에서 만났다. 예수님을 만난 안드레의 반응은 "우리가 메시야를 만났다"(요 1:41)이다. 예수님은 베드로를 이미 "요한의 아들 시몬이니" 이름으로 알고 있었다. 예수님은 빌립을 부르시고 빌립은 예수님을 향해 "여러 선지자가 기록한 그이를 만났으니"라고 반응했다(요1:45). 예수님은 나다나엘을 향해서는 "보라 이는 참으로 이스라엘 사람이라 그 속에 간사한 것이 없도다"(요 1:47). 나다나엘은 "랍비여 당신은 하나님의 아들이시오 당신은 이스라엘의 임금이로소이다"(요 1:49)로 반응한다. 마태복음에서는 서로의 반응이 더욱더 심화되는데 부르심과 결단이다. 예수님의 "나를 따라 오너라"는 요청에 베드로와 안드레는 "그들이 곧 그물을 버려두고"(마 4:20), 세베대의 아들 야고보와 그의 형제 요한은 "곧 배와 아버지를 버려두고"예수를 따른다(마 4:22).

　　도심리 마을 주민들이 처음에는 복음과 교회에 대해서 매우 배타적이었는데 알아가는 과정을 거치면서 호의적 반응으로 변했고 그들의 마음의 문이 열리기 시작했다. 심지어는 매년 정월 대보름에 있는 마을의 전통적이고 민속적 제례의식인 거리제사에 초청해서 마을을 위해서 기도해 줄 것을 요청했다. 훗날 교회가 세우지고 영향력이 마을에 생기면서 거리제사는 자연히 없어졌다.

〈질문 2〉 세상은 한국교회에 대해서 어떤 반응을 하고 있는가? 지금 마을은 우리 교회에 대해서 어떤 반응을 가지고 있다고 생각하는가?

3. 성경에서 실천으로

1) 서로 신뢰하는 과정

서로에 대한 좋은 반응은 서로를 신뢰하게 만든다. 신뢰하기까지는 긴 시간이 필요하다. 신뢰의 바탕에는 헌신과 순수함이다. 마을 속으로 들어가 주민들로부터 신뢰를 얻으려면 오랜 시간이 걸린다. 이 과정을 거치면 마을 주민들은 자신들의 공동체의 일원으로 인정하고 지도자로 선택하여 봉사할 기회를 준다. 농촌에는 반장, 이장, 새마을지도자, 부녀회장, 노인회장 등 마을마다 자체적인 지도자가 세워져 있다. 마을의 리더십은 섬김과 복음을 위해 매우 유용한 도구가 된다.

갈릴리 가버나움은 베드로와 안드레, 빌립의 고향 마을이다(요1:44). 복음서에서 예수님은 가버나움을 중심으로 사역하셨던 것을 알 수 있다. 예수님은 갈릴리 해변을 다니시다가 제자들을 부르셨다. 베드로와 안드레가 바다에 그물 던지고 있을 때(casting: NIV), 야고보와 요한이 배에서 그물을 깁고 있을 때(preparing), 예수님은 "나를 따라오라"고 부르셨다. 영어성경에서 진행

형으로 묘사하고 있는 이 장면은 매우 생생한 표현이다. 집어던진 그물이 베드로와 안드레의 손에서 막 떠나고 있고 야고보와 요한은 그들의 아버지와 함께 터진 그물의 끈을 양손으로 꼼꼼하게 묶고 있는 상황을 상상해 보자. 이런 상황에서 주님의 부르심이 처음이라면 모든 것을 버리고 주님을 따르는 결단을 할 수 있었을까? 그들이 그 동안 신뢰했던 배, 그물, 어부 직업, 인간관계 등을 버리고 새로운 신뢰인 예수님을 선택할 수 있겠는가? 그들은 결단의 때가 왔음을 알게 되었다. 만남의 과정을 통해 제자들은 예수님을 따르는 것이 그들의 전 인생을 걸 만큼의 가치가 있다고 믿었다. 신뢰는 포기하고 따르도록 만든다.

　　강원도 홍천 도심리 마을은 무교회 지역이었다. 여기에서 사역한지 8년 되던 해 마을 주민들은 필자를 마을의 반장으로 세웠다. 마을의 교회도 주민들의 요청에 의해 세워졌다. 처음에 이들은 복음 전파뿐만 마을출입까지도 완강히 반대했다. 그러나 이제는 자신들의 지도자로 선택했다. 농촌 마을의 반장은 봉사하는 자리이다. 필자가 그 동안 순수한 마음으로 섬겼던 것이 이들에게는 좋은 반응을 얻게 되었고 이것이 신뢰로 나타나서 지도자가 되었다.

〈질문 3〉 마을 속에 있는 우리 교회는 지역으로부터 얼마만큼 신뢰를 받고 있다고 생각하는가? 만약 신뢰를 잃었다면 가장 큰 요인은 무엇이라고 생각하는가?

2) 서로 꿈꾸는 과정

"오늘날 다윗의 동네에 너희를 위하여 구주가 나셨으니"(눅 2:11) 하나님의 아들이신 예수님은 다윗의 동네인 마을 속으로 들어오셨다. 본문에서 예수님이 들어오셔서 사신 갈릴리 가버나움이라는 마을은 어떤 상황이었을까? 그들은 흑암에 앉은 백성이었고 사망의 그늘에 앉은 자들이었다(마 4:16, 사 9:1-2). 그들에게 예수님은 큰 빛이 되었다(16절). 예수님은 가버나움에 잠시 머물렀거나 지나가신 것이 아니라 그곳에서 사셨다. "가버나움에 가서 사시니"(13절)에서 사셨다는 표현은 예수님이 그 곳에서 어떻게 지내셨는지 알 수 있는 것이다. 이 표현은 오랜 시간을 의미하고 친밀한 관계를 내포하고 있다. 당시 가버나움에는 약 17,000명의 주민들이 살았다고 한다. 그중에서 제자를 선택함에 있어 아무나 부르신 것이 아니라 만남의 과정과 관계 속에서 부르신 것을 알 수 있다. 서로에 대한 반응이 생기게 되고 서로를 신뢰하게 되고 이것이 서로 하나가 되는 계기가 되었다. 네 번째 과정인 함께 꿈꾸는 단계에 이르게 되었다. 예수님과 제자들은 함께 공동의 꿈을 가지고 함께 살고 일하게 된다. "천국이 가까이 왔느니라"(17절) "내가 너희를 사람 낚는 어부가 되게 하리라"(19절) 이것은 예수와 제자들이 함께 가졌던 꿈이었다. 하나님 나라와 예수 제자들의 총합은 곧 교회이다. 교회는 지역 사회 속에 있으면서 하나님의 나라인 하나님의 마을을 만들어 가는 사명이 있다.

도심리교회는 교회공동체와 마을공동체를 한 공동체로 여기고 하나님 나라를 꿈꾸고 있다. 행복한 마을 만들기 프로젝트를 진행하고 있다. 이것을 위해 '행복한마을만들기추진위원회'를 구성하였다. 위원들이 모두 8명이고 그중에는 교회 성도들이 5명이다. 성도와 지역 주민을 구분하지 않고 함께 공동의 꿈을 실현하고 있다. 도심리교회는 함께 꿈꾸는 과정의 문을 열고 들어섰다.

〈질문 4〉 때로 좋은 계획들이 좌절되는 경우가 있다. 그 이유는 무엇인가? 공동의 꿈을 말하고 추진하기 전에 있어야 할 단계는 무엇이라고 생각하는가? 지금 우리 교회가 마을 속에서 하고 있는 활동을 살펴보고 어떻게 공동의 꿈을 세워야 할지 토론해 보자.

◇ 공동기도문 ◇

사랑과 공의로 우리의 삶을 주관하시는 하나님, 사랑으로 우리가 속한 이 마을과 지역을 변화시켜 주시옵소서. 단순한 공동체로서의 마을이 아니라 구성원들 한 사람 한 사람을 생각하고 사랑하며 이해할 수 있는 마을 교회와 마을 목회가 될 수 있도록 주님, 도와주시옵소서. 예수님께서 제자들과 함께 동거동락하시면서 공동체를 이루셨고, 부활 후 초대교회에서와 같은 영성으로 우리가 속한 이곳이 하나님의 사랑과 공의가 넘치도록 변화시켜 주시옵소서. 이웃을 사랑하고 지역과 마을을 섬기고 나라를 위해 헌신하는 우리가 될 수 있도록 나아가야 할 길을 보여주시고, 우리의 마음을 모아 주시옵소서. 예수 그리스도의 이름으로 기도합니다. 아멘.

3장
마을에서 만난 예수
(부천새롬교회)

> **마가복음 1장 29-34절**
>
> 29회당에서 나와 곧 야고보와 요한과 함께 시몬과 안드레의 집에 들어가시니 30시몬의 장모가 열병으로 누워 있는지라 사람들이 곧 그 여자에 대하여 예수께 여짜온대 31나아가사 그 손을 잡아 일으키시니 열병이 떠나고 여자가 그들에게 수종드니라 32저물어 해 질 때에 모든 병자와 귀신 들린 자를 예수께 데려오니 33온 동네가 그 문 앞에 모였더라 34예수께서 각종 병이든 많은 사람을 고치시며 많은 귀신을 내쫓으시되 귀신이 자기를 알므로 그 말하는 것을 허락하지 아니하시니라

1. 세상 바라보기: 지역과 마을로 내려온 예수님

예수님께서는 마을과 지역을 사랑하신 분입니다. 예수님의

청년기에 예수님 앞에는 세 가지 장소가 나타나 있습니다. 그 첫 번째 장소는 당시 유대교의 중심인 유대교 성전이 있는 예루살렘입니다. 두 번째로는 세례요한이 정의를 외치던 광야입니다. 그리고 소외된 가난한 백성이 있는 갈릴리가 세 번째 장소입니다.

예수님께서는 자신의 청년기에 광야로 나가십니다. 그곳에서 세례요한에게 세례를 받으시고 40일 동안 기도하십니다. 광야 40일 동안 자신의 하나님 나라 선교에 대한 기도와 비전을 세우신 것 같습니다. 그리고 예수님께서는 세례요한을 떠나 새로운 곳으로 가시게 됩니다. 그곳이 바로 예수님의 3년간 공생애의 핵심적 장소인 갈릴리라고 하는 마을입니다. 예수님의 공생애의 가장 많은 시간을 보내신 곳이 바로 갈릴리라고 하는 마을이고 예수님의 이 갈릴리 선교는 바로 우리교회의 전도와 선교의 원형을 제공해 주고 있습니다.

> 그의 소문이 온 수리아에 퍼진지라
> 사람들이 모든 앓는 자 곧 각종 병에 걸려서 고통당하는 자, 귀신 들린 자, 간질환자, 중풍병자들을 데려오니 그들을 고치시더라(마 4:24).

예수님의 최초의 선교 사역의 모습을 자세히 살펴보면 유대교 회당에서 시몬의 집으로 들어가는 장면을 볼 수 있습니다. 그런데 우리가 여기서 깊이 들여다보아야 할 것은 예수님은 회당에서 나와 베드로의 장모의 집이 있는 마을로 들어가셨는데(마가 1:21) 그런데 "온 동네가 문 앞에 모였더라"(막 1:33)는 것입니다. 이는 지금 새로운 공동체가 마을의 베드로의 집을 중심으로 탄생하고 있음을 의미합니다. 다시 말해 회당이 아니라 회당 밖 갈릴리 가버나움 마을, 베드로의 장모의 집이 바로 예수님 선교사역의 새로운 선교 베이스캠프가 되었다는 것입니다. 그리고 지금 그곳은 온 동네 사람들이 문 앞에 모였을(막 1:33) 정도로 많은 사람들로 북적입니다. 이렇게 예수님 당시 갈릴리 마을 일대에서 새로운 공간이 탄생되고 예수님 일행의 치유 역사가 활발히 일어나자 예수님은 두 가지 일을 행하십니다.

첫째는 새벽 미명에 하나님 앞으로 나가 하나님과 소통하며 힘을 재충전하시고 둘째로 새벽 기도로 영적 힘을 충전하신 예수님은 다른 동네에도 하나님의 나라 복음을 전하여야 한다 하셨습니다. 그리고 여러 마을을 도시며 전도하기 시작하십니다. 예수님이 갈릴리 가버나움 마을 일대에서 낮에는 복음전도를 하시고 밤에서 각색 병을 고치시는 치유 선교를 시작하시자 마치 새벽에 동트면서 빛이 도래하자 어둠이 몰려나가기 시작하는 것처럼 갈릴리 마을의 모든 악령이 추방되고 각색 병든 많은 사람들이 고침을 받고 새로운 하나님 나라의 새벽이 밝아오는 놀라운 역사가 임했던 것입니다.

마가복음 1장에서는 갈릴리 가버나움이라는 마을에 있던 베드로 장모의 집이 새로운 선교적 거점이 세워지기 시작하면서 마가복음 2장에 이르러서는 예수님의 하나님 나라운동의 윤곽이 들어나기 시작합니다. 베드로의 장모집 앞이 회당의 대안으로 새로운 치유장소로 등장하였다면 2장 13절에 새로운 공간이 등장하는데 그것은 바로 알패오의 아들 레위의 집이 새로운 밥상공동체와 하나님 나라 잔치의 거점으로 등장 하는 것입니다(막 2:16).

이처럼 성전-회당에서 나와 베드로의 장모의 집에서 각색 병든 자를 고치며 그 마을을 선교의 베이스캠프로 삼으시고, 알패오의 집 앞에서 죄인들과 세리와 밥상 공동체를 만들어 사회적으로 차별받고, 고립되고 배제된 문둥병자를 고치면서 예수님의 새로운 하나님 나라 마을 생명운동은 시작되고 일어나게 됩니다.

2. 세상에서 성경으로: 지역과 마을에서 만난 예수님

그러면 예수님이 마을에서 행하신 핵심적인 일이 무엇입니까? 그것은 바로 기적과 치유입니다. 그리고 그 첫 번째 대상이 바로 온몸에 문둥병 걸린 사람이 예수님 앞으로 나와 "주여 원하시면 나를 깨끗케 하여 주옵소서"하고 간청한 사건입니다. 당시 이스라엘에서 문둥병이란 무슨 병입니까? 오염되었기에 그리고 전염되기에 다른 사람과 접촉해서는 안 되는 병입니다. 문둥병의 무서움이란 바로 사회로부터 고립과 격리를 의미하기 때문입니다. 그런데 이 문둥병의 무서움은 바로 오늘에도 적용됩니다. 오늘 현대인의 가장 큰 병과 문제는 대부분 바로 이 고립과 소외에서 발생합니다. 사실 오늘 우리가운데도 사실 수많은 문둥병환자들이 있습니다. 피부가 썩어 문드러져 고립되고 격리되는 문둥병이 아니라 스스로 마음을 닫아 세상으로 고립되고 격리된 마음의 문둥병환자가 많다는 것입니다.

그러므로 문둥병자의 고립이 무엇인지를 좀 더 깊이 물으면 바로 사회적 고립이라고도 말할 수 있겠습니다. 문둥병에 걸렸다는 것은 접근해서는 안 되는 고립이 따를 것이라는 의미를 내포하고 있고 문둥병의 치유는 고립으로부터의 벗어나는 치유를 의미합니다. 다시 말해 예수님은 당시 자신 앞에 나타난 문둥병자를 단지 한 개인의 죄가 아니라 당시 유대 공동체와 유대사회의 문제로 보셨고, 보다 근원적인 차원의 공동체적 사회적 치료로 접근하셨다는 것입니다. 특별히 현대인들의 고립과 소외현상은 대부분 사회가 발달하면서 사람들이 개인주의화되면서 발생한 것들입니다. 그러므로 우리가 하루에 50명씩 죽어나가는 현 사회의 자살현상을 예수님의 시선으로 본다면 신앙을 가진 우리들은 개인적인 자살로만 보지 않고 사회적 공동체적 문제로도 보기 시작해야 합니다.

예수님은 문둥병자를 어떻게 치유하셨습니까? 먼저 예수님은 문둥병자를 통해서 당시 유대 사회에서 약한 자들의 고립과 차별, 배제의 문제를 보시고 이것을 치유하시려고 하셨습니다. 말씀에 의하면 치유의 방법으로 예수님이 직접 문둥병 환자의 몸에 손을 대셨고 그러자 문둥병이 떠나갔다고 되어 있습니다(마가 1:41). 이것은 문둥병의 근원이 고립과 차별과 격리였다면 치유는 예수님의 문둥병자의 몸에 손을 대신 것처럼 접촉과 관계라는 것을 잘 보여줍니다. 그것은 우리가 건강한 인격, 건강한 신앙인으로 거듭나고 온전히 치유되려면 가장 중요한 것이 바로 개인적으로 고립 자폐되어 있는 것이 아니라 우리 삶이 접촉과 관계의 사회성을 회복해야 한다는 것입니다.

그렇다면 오늘 지역과 마을 한가운데서 예수의 제자들인 우리 그리스도인들이 치유해야 할 가장 큰 질병은 무엇입니까? 오늘 현대사회의 지역과 마을의 가장 큰 질병은 다름 아닌 고립, 격리 그리고 우울증 등이고 이 침묵과 허무와 우울의 문화가 오늘 우리의 가정과 지역과 마을 모두를 뒤덮고 있다는 것입니다. 그런데 갈릴리 마을에서의 예수님의 치유행위는 문둥병자의 고립을 고친 것에서 그치지 않았습니다. 예수님은 고립과 차별과 배제의 문둥병자를 포용과 접촉으로 치유한 것에 이어 중풍병자를 치유하시는데 이는 마비의 치유인 것입니다(막 2:1-5).

그러면 오늘 성서의 중풍병의 마비와 같은 우리 사회와 지역과 마을의 현상은 무엇입니까? 우리는 요즘 과거에는 듣지 못한 말들을 많이 듣고 있습니다. 최근 많은 사람들이 젊은이들을 '히키코모리'라는 은둔형 외톨이와 쓸모없는 잉여인간이라고 이야기하는데 이 잉여가 바로 마비가 심화되어서 일어난 현상인 것입니다.

그러면 성서에서는 예수님이 어떻게 마을에서 마비된 중풍병자를 고치셨다고 되어있습니까? 신약 성서에서는 이 중풍병환자의 친구들이 서로 어깨동무하고 중풍병 환자를 들쳐 업고 지붕을 부수고 예수님께 나아갔기에 몸이 마비된 중풍병 환자를 고칠 수가 있었다고 되어 있습니다.

바로 이러한 친구간의 협동과 연대를 통해서 예수님을 둘러싼 무리를 넘어서서 지붕을 뚫고 치유자이신 예수님 앞에까지 도달하여야 치유에 성공하게 된다는 것입니다. 그러므로 온 몸이 마비된 친구를 들쳐 업고 예수님 앞으로 나간 성서의 중풍병자 친구들처럼 오늘의 우리도 외톨이, 잉여로 마비된 이웃들을 들것에 들쳐 업고, 지붕을 뚫고 예수님 앞으로 나갈 때 이 시대의 중풍병자를 치유할 수 있는 것입니다(막 2:3-4).

3. 성경에서 실천으로: 건강한 교회와 평신도가 지역과 마을에서 섬길 일들

그러면 우리 교회와 성도들은 우리 지역사회와 마을을 어떻게 섬길 수 있습니까? 어떻게 고립되고, 배제되고, 잉여화되고 마비된 우리 이웃들에게 나갈 수 있습니까?

이 일을 위한 교회와 성도들의 첫 번째 상상력은 이제 우리가 지역과 마을과 교회를 잇는 학습, 문화, 복지 생태계를 짜보자는 상상력입니다! 최근 지역사회에서 마을이 뜨고 있습니다. 바야흐로 마을 만들기의 시대입니다. 그러면 이 마을의 시대 우리 교회의 평신도들은 지역과 마을에서 무엇을 할 수 있을까요?

첫째로 이제 교회는 지역 사회의 평생학습 생태계가 되어야 합니다. 그리고 한국교회가 마을의 학습 생태계를 형성하려면 평생학습 시대를 이해해야 합니다. 평생학습 시대와 미래 교육의 핵심은 학교와 교회가 아니라 마을이고 마을의 학습 생태계가 될 것입니다. 그러므로 교회 안에 머물러 있는 폐쇄적이고 자폐적인 교회 교육이 아니라 교회학교와 지역도서관, 지역아동센터와 어르신 쉼터와 같은 지역과 마을의 근접 공간 자체를 마을의 평생 학습생태계로 만들어 나가야 합니다.

두 번째로 이제 교회가 지역과 마을을 섬길 수 있는 새로운 상상력은 이제 교회와 마을이 함께 마을의 복지 생태계를 만들 수 있다는 것입니다. 최근에는 교회와 지역 사회가 힘을 합쳐서 마을의 사회적 기업과 협동조합을 통하여 마을 만들기를 활발히 전개하는 협동적 마을 공동체들이 등장하고 있습니다. 이러한 협동적 마을 공동체에서 가장 중요한 것이 바로 사회적 자본입니다. 이러한 사회적 자본의 시대 우리 교회가 준비해야할 가장 중요한 것은 바로 마을과 교회와 지역사회를 이러한 사회적 자본이라는 소통과 신뢰와 협동의 생명 망으로 연결하여 죽어가는 생명을 살리는 것이 바로 오늘 이시대의 복지 목회와 선교의 핵심적 과제가 되어야 할 것입니다.

셋째로 교회와 마을은 무엇보다도 이야기 공동체입니다. 이제 교회와 마을은 이야기가 전개되는, 이야기가 있는 문화 공동체의 주인공이 되어야 합니다. 교회가 참여하는 마을의 이야기는 여러 가지 생활고로 불안, 피곤, 허기진 사회를 사는 마을 주민들에게 절망을 이기는 부활의 생명의 이야기와 복음의 기쁜 소식을 전하는 정의와 희망의 통신망이 되어야 할 줄로 믿습니다. 그동안 우리는 무한경쟁의 소용돌이 속으로 휩쓸려 심지어 자기 자신의 내면에서조차 스스로와 경쟁하게 하는 체제를 낳았습니다. 그리고 이런 무한경쟁사회는 무수한 실패자를 낳았습니다. 더욱 심각한 것은 오늘 이시대의 영적인 내면은 모든 이들을, 그들이 사회적으로 성공한 자일지라도 패배자와 피해자로 만들고 있다는 것입니다.

그래서 새로운 공동체적 목양 패러다임, 목회 돌봄의 강력한 힘은 개인이 아니라 신앙 공동체가 돌봄을 제공하는 순간이라고 합니다. 그러므로 이제 이러한 하나님 나라의 공적 영성을 실천하는 성숙한 그리스도인들은 개인과 자신의 가정과 자신의 교회를 위해서만 기도하는 것이 아니라 지역과 마을을 위해 기도하고 지역과 마을을 심방하는 사회적 기도와 사회적 심방을 실천해 내야 합니다.

이러한 사회적 기도와 심방이라는 영적 돌봄 행위를 통하여 자신의 삶과 교회의 삶 그리고 마을의 삶을 성서적, 영적 통찰력으로 새롭게 읽고 나누며 가정과 교회와 지역 전체를 영적 생명망으로 짜고 묶어 나가는 것이 바로 오늘 우리 건강하고 성숙한 평신도들에게 새롭게 요청되는 영적 요청임을 믿고 이를 실천할 때입니다.

1) 약대동 마을에 학습문화복지 생태계와 영적 돌봄망을 짜는 부천새롬교회

새롬교회는 30년 전에 약대동 지역에 교회를 개척하면서 가장 먼저 서민가정 맞벌이 부부를 위한 탁아소와 공부방을 세우기 시작한다. 서민가정 맞벌이 부부를 위한 탁아소와 공부방을 세우면서 시작된 새롬 공동체는 그동안 부천의 서민지역 곳곳에 자리 잡아가는 부천 작은 공부방 운동을 통해 마을과 지역을 살리는 가장 중요한 교육과 복지 전달자가 누구인지를 보고 배울 수 있었고 마을마다 동네마다 일어나는 부천의 작은 도서관 운동을 통해 마을과 시민의 힘을 배웠다. 그리고 자연스럽게 마을단위로 작은 도서관, 지역아동센터, 작은 교회들이 평생학습이라는 고리로 연결될 수 있는 가능성을 보았다.

새롬어린이집이라는 탁아소와 마을 공부방을 세운 이후 IMF 시기 새롬교회가 약대동의 마을 도서관의 이름을 지을 때 선택된 이름은 신나는 가족도서관이었다. 왜 약대동의 마을도서관의 이름이 가족도서관이 되었을까? 여기서 가정이라는 개념이 중요한데, 사실 가족도서관 이름은 IMF로 지역의 가족이 해체되는 시기 예수 가정을 꿈꾸면서 지어진 이름이다. 그리하여 새롬교회 안에

새롬 어린이집 그리고 약대동 마을의 주민자치센터 안의 신나는 가족도서관 그리고 그 바로 옆에는 '새롬 지역아동센터'가 있어 자연스럽게 약대동 마을 안에 가족과 어린이들이 자연스럽게 어울리며 놀 수 있는 한 마을의 마당이 열리기 시작하였다. 그리고 지금은 이러한 교회와 마을 도서관과 지역아동센터의 마당이 서로 연결되면서 마을과 도시를 잇는 평생학습공동체와 아름다운 마을 만들기 등의 마을 만들기의 꿈으로 이어져 나가기 시작했다.

오늘도 약대동의 새롬교회와 공부방, 도서관이 붓이 되고 마을의 골목 도서관, 공원, 놀이터가 캔버스가 되면서 약대동 마을이 꿈을 꾸고 꿈틀 꿈틀 다시 살아나기 시작하는 것을 느낄 수 있다. 이처럼 새롬교회의 초기 사역은 교회와 마을 도서관 그리고 지역아동센터가 연결되면서 마을과 도시를 잇는 평생학습공동체와 아름다운 마을 만들기 등의 마을 만들기의 꿈으로 시작된 것이다.

2) 나의 마을 사랑의 현장 찾아보기

(1) 지역과 마을의 학습 문화 복지 생태계를 짜보자
지역 마을 교회학교 / 마을 도서관 / 지역 아동 센터 / 어르신 한글 교실

(2) 지역과 마을의 문화 복지 생태계를 만들어야 한다
마을 만들기, 마을 사회적 기업, 협동조합, 마을 카페, 마을방

송국, 마을영화제, 마을 이야기창작단

(3) 지역과 마을의 영적 돌봄망과 기도망을 짜자
사회적 기도, 사회적 심방

(4) 마을을 치유와 화해와 생명의 마당으로 만들자
생명의 쌀 생명의 밥상, 어르신 돌봄이

3) 지역과 마을을 섬기는 평신도의 선교적 기도

(1) 이제 우리 건강한 평신도들은 오직 모이는 카리스마(은사)를 넘어 지역과 마을을 섬기고 나누고 참여하여 지역과 마을에서는 생명을 살리고 생명 망을 짜는 다양하고 역동적인 은사를 나누길 기도한다.

(2) 이제 우리 건강한 평신도들은 다니고 싶은 교회를 넘어 살고 싶은 마을을 지향하며 지 교회를 잘 섬기는 동시에 지역과 마을과 시민사회로 흩어져 나가는 교인들로 성장하길 기도한다.

(3) 이러한 지역과 마을 중심적 신앙, 봉사 중심적 역동적이며 영향력이 있는 신앙인들이 되기 위해 지역사회에 학습 문화 복지 생태계를 만들어 지역과 마을의 생명을 살리고 영적 돌봄망을 통해 지역과 마을의 치유와 화해를 도모하는

◇ **공동기도문** ◇

사랑의 하나님, 우리를 끝까지 사랑하셔서 하나님의 아들을 우리에게 보내주셨습니다. 그 사랑에 우리는 감격과 기쁨으로 화답합니다. 주님께서 우리를 위해 흘리신 피와 눈물을 우리는 보았습니다. 주님이 쏟으신 것들을 생각하며 우리는 다시 우리 옆에 하나님의 형상으로 지음 받은 이웃들을 바라봅니다. 하나님이 지으시고 하나님이 만드신 세상에서 우리는 이제 하나님의 사랑을 실천하길 원합니다. 동네에서 마을에서, 각종 병자들을 고치시고 귀신을 내쫓으신 예수님의 사역을 본받아 마을 목회를 성공적으로 이끌 수 있기를 원합니다. 단순히 교회를 세우는 것이 아니라 살고 싶은 마을이 될 수 있기를 원합니다. 사자와 어린양이 같이 뛰어놀 수 있는 그런 화평한 마을이 되길 소망합니다. 우리의 소망되신 예수님의 이름으로 기도합니다. 아멘.

4 장
마을을 치유하는 교회
(태백연동교회)

요한복음 6장 1-15절

1그 후에 예수께서 디베랴의 갈릴리 바다 건너편으로 가시매 2큰 무리가 따르니 이는 병자들에게 행하시는 표적을 보았음이러라 3예수께서 산에 오르사 제자들과 함께 거기 앉으시니 4마침 유대인의 명절인 유월절이 가까운지라 5예수께서 눈을 들어 큰 무리가 자기에게로 오는 것을 보시고 빌립에게 이르시되 우리가 어디서 떡을 사서 이 사람들을 먹이겠느냐 하시니 6이렇게 말씀하심은 친히 어떻게 하실지를 아시고 빌립을 시험하고자 하심이라 7빌립이 대답하되 각 사람으로 조금씩 받게 할지라도 이백 데나리온의 떡이 부족하리이다 8제자 중 하나 곧 시몬 베드로의 형제 안드레가 예수께 여짜오되 9여기 한 아이가 있어 보리떡 다섯 개와 물고기 두 마리를 가지고 있나이다 그러나 그것이 이 많은 사람에게 얼마나 되겠사옵나이까 10예수께서 이르시되 이 사람들로 앉게 하라 하시니 그 곳에 잔디가 많은지라 사람들이 앉으니 수가 오천 명쯤 되더라

> 11예수께서 떡을 가져 축사하신 후에 앉아 있는 자들에게 나눠 주시고 물고기도 그렇게 그들의 원대로 주시니라 12그들이 배부른 후에 예수께서 제자들에게 이르시되 남은 조각을 거두고 버리는 것이 없게 하라 하시므로 13이에 거두니 보리떡 다섯 개로 먹고 남은 조각이 열두 바구니에 찼더라 14그 사람들이 예수께서 행하신 이 표적을 보고 말하되 이는 참으로 세상에 오실 그 선지자라 하더라 15그러므로 예수께서 그들이 와서 자기를 억지로 붙들어 임금으로 삼으려는 줄 아시고 다시 혼자 산으로 떠나가시니라

1. 성경을 통해 세상 바라보기

1) 직시하라

(1) 유대인들이 예수님을 죽이고자 하는 이유 두 가지가 무엇인가요?(요 5:18)

(2) 예수님은 자신의 신성과 하나님의 아들 되심을 변호하시고(요 5:19-47), 갈릴리 바다 건너편으로 가셨습니까?(6:1-2). 예수님께서 산에 올랐을 때 예수님은 무엇을 보셨습니까?(6:3-5)

(3) 예수님의 관심이 무엇이라고 생각합니까?(5절 하반)

(4) 5절에서 질문하신 예수님의 속마음이 무엇이라고 성경은 기록하고 있습니까?(6절)

2) 소통하라

(1) 예수님의 질문에 대한 빌립의 반응은 무엇입니까?(7절)
(2) 빌립의 반응이 그렇다면 안드레의 반응은 무엇입니까?(8절)
(3) 예수님은 빌립과 안드레의 의견 가운데 누구의 생각을 수용하셨습니까?(11절)
(4) 제자의 생각을 수용한 예수님의 사역을 어떻게 생각하십니까?

3) 희생하라

(1) 빌립과 안드레의 말을 들으신 후 예수님은 무슨 명령을 하십니까?(10절 상반) 사람들은 모두 몇 명이었습니까?
(2) 11절의 말씀을 우리는 오병이어의 기적이라고 부릅니다. 이 기적의 결과로 오천 명에게는 무슨 일들이 일어났으며, 남은 조각이 얼마나 됩니까?(12-13절)
(3) 오병이어(보리떡 다섯 개와 물고기 두 마리)의 주인은 누구입니까?(9절)
(4) 한 아이의 희생이 놀라운 기적을 만드는 출발점이 되었다

고 할 수 잇습니다. 그러면 작은 희생을 마중물로 삼아 일 하시는 예수님의 사역에 대해 어떻게 생각하십니까?

4) 배부른(치유된) 사람들을 보라

(1) 오병 이어의 기적으로 인해 사람들은 예수님을 누구로 인정하였나?(14절)
(2) 오병 이어의 기적에 참여한 사람들은 누구누구인가? 예수님께서 주도적으로 이 일을 성취하셨다고 생각하나?
(3) 오병 이어의 밥상을 받고 배불리 먹은 사람들은 자기들의 집과 마을로 돌아가서 무슨 이야기를 했을까? 예수님의 기적 이야기를 전해들은 사람들의 반응은 어떠했을까?
(4) 이 기적을 바라보면서 제자들이 배우는 신앙적 교훈이 있다면 무엇일까? 예수님의 속마음이 무리들의 온전한 치유에 있음도 알 수 있지 않을까?

2. 세상에서 성경으로: 예수님의 치유 사역 엿보기(마 8-9장 중심으로)

1) 예수님의 사역은 어떤 모습일까?

마 8-9장에 기록된 사건을 살펴보면, 10개의 기적 이야기가 기록되어 있다. 자연에 대한 기적 1개를 제외하면, 9개가 모두 사람과의 관계를 보여 주는데 하나하나 살펴보자.

(1) 한 나병환자가 예수님께 나아왔고, 예수님은 그의 병을 깨끗케 하였다(8:1-4).
(2) 한 백부장이 예수님께 나아와 자기 집에 누워있는 하인의 중풍병을 고쳐 주시길 간청했고, 예수님은 말씀으로 고쳐 주셨다(8:5-13).
(3) 예수님께서 베드로의 집에 가셔서 그의 장모의 열병을 고치셨다(8:14-15).
(4) 사람들이 귀신들린 자와 병든 자들을 데리고 오매, 예수님께서 귀신들을 쫓아내시고 병든 자들을 고치셨다(8:16-17).
(5) 귀신들린 자 둘이 무덤에서 나오니, 예수님께서 귀신들을 쫓아내셨다(8:28-34).
(6) 중풍병자를 사람들이 데리고 오니, 예수님께서 고치셨다

(9:1-8).

(7) 한 관리의 요청으로 그의 죽은 딸을 고치시고, 자기에게 나아온 혈우병 여인의 병을 고치셨다(9:18-26).

(8) 따라오며 눈을 보게 해 달라고 요청하는 두 맹인의 눈을 밝게 해 주셨다(9:27-31).

(9) 귀신들려 말 못하는 사람을 데리고 오매, 귀신을 쫓아내고 말하게 하셨다(9:32-34).

2) 위의 아홉 가지 기적을 살펴보면 다음의 것들을 알게 된다

(1) 절대 절명의 위기 가운데서 치료받은 개인들은 모두 일생 일대의 소원이 성취가 된 것이고, 이러한 치료는 바로 하나님 나라의 체험이 된다.

(2) 치료받은 이들이 모두 각자의 집으로 돌아갔을 때, 가족들이 치료를 확인하고는 가족 모두에게 치유가 일어났고, 마을에서는 모두 놀라운 분위기 속에서 희망을 보았다.

(3) 그리고 아홉 가지의 기적 모두가 예수님이 주도적으로 치유한 것이 아니다. 하나같이 본인이나 주위의 누군가가 요청함으로 예수님께서 움직이신 것이다.

(4) 베드로의 장모를 치유하신 사건도 평행구절인 누가복음 4장 38-41절에서는 사람들의 요청으로 예수님께서 개입

한 것으로 나타난다.

(5) 결론적으로 예수님의 사역 가운데 참여 사역이 참으로 많다는 사실을 알 수 있다. 이것은 예수님께서 사역하실 때 제자들이 함께 참여하는 것이고, 때로는 수혜자 당사자의 적극적인 참여로 사역이 성취되어지는 것을 말한다. 예수님은 이처럼 참여로 사역하신 것에 우리는 깊은 관심을 기울여야 한다.

3) 오늘의 교회 사역은 어떠해야 할 것인가?

그리스도의 몸된 교회는 예수님의 사역을 계승하는 공동체입니다. 가장 예수님처럼 사역하는 것이 맞습니다. 교육도 선교(전도)도 지역사회 섬김도 그러합니다. 교회 주도형이나 목회자 주도형도 필요하지만, 할 수만 있으면 교인 참여 혹은 지역사회 참여형의 사역이 필요하다고 봅니다. 참여 사역은 많은 경우 목회자의 강력한 의지도 필요하나 교회를 하나님의 교회로 인식하고, 지역사회를 하나님의 선교지로 바라보면 얼마든지 가능한 것입니다. 지역사회를 하나님의 선교지로 삼는다면 주민들의 적극적인 참여 역시 얼마든지 가능한 일입니다. 참여형은 협력 사역으로도 볼 수 있습니다. 이런 협력 사역의 유형은 다음과 같습니다.

(1) 목회자와 교우 협력 사역

(2) 교회와 지역사회의 협력 사역

(3) 교회와 교회의 협력 사역

(4) 교회와 지역사회의 협력 사역으로 살펴 볼 수 있다.

3. 성경에서 실천으로

1) 태백연동교회의 사역

강원도 태백은 태백산맥의 가운데 위치하여 산악이 집중된 탄광산업도시입니다. 탄광산업의 활성화로 전국에서 노동자들이 모여 18만 명의 탄광도시를 이루었으나 현재는 탄광산업의 사양화로 6만여 명의 작은 산골도시로 변화되었습니다. 여전히 탄광이 지역경제의 중심이 되지만 미래의 희망을 위하여 새로운 산업 개발을 위하여 몸부림치는 과정에 있습니다. 태백에서 어려움을 겪는 사람들은 탄광직업병인 진폐증환자들, 정신 장애인들, 집 없는 사람들, 카지노 도박 중독자와 노숙인들 그리고 주민의 20%에 해당하는 노인들입니다. 태백지역에는 90여 개의 교회가 있으며, 태백연동교회는 1996년에 설립된 교회로서 전형적인 산골교회 가운데 하나입니다. 탄광 지역을 하나님의 선교지로 삼으며, 태백연동교회가 지금까지 진행한 사역을 몇 가지 소개합니다.

(1) 목회자와 교우 협력 사역
① 새벽기도회 인도: 목회자와 항존직분자들이 순번으로 돌아가면서 인도한다.
② 부활절 계란 나눔 행사: 온 교우들의 참여로 교회 인근의 경로당과 복지시설에 나눈다.
③ 어린이 도서관 운영: 3천권의 어린이 도서를 구비하고, 교우들의 자원봉사로 운영한다.

(2) 교회와 지역사회의 협력 사역
① 문화 아카데미 운영: 주부교실 및 노인 섬김 프로그램이며, 지역사회의 전문인들(이웃교회 목회자 및 비 그리스도인 전문가)이 강사로 참여하고, 회원은 교우들과 지역 주민으로 확대하고 있다.

(3) 교회와 교회 협력 사역
① 가정개발 사역: 미국 버클리 침례교회와 협력하여 조손 3가정을 섬기는 일이다.
② 태백지역 연합 기도회: 공식화된 각종 기도모임이 15개 정도(교단별, 기독영성 모임 등)가 있는데, 모든 기도모임이 참석하는 연합 기도회를 년 1회 개최하고 있다. 진행은 순번제로 한다.
③ 도박을 걱정하는 성직자 모임: 카지노 산업은 지역 경제를

살린다는 기대와는 달리 어두운 면이 너무도 많다. 14-15개의 지역교회가 협력하여 카지노 후유증을 살펴서 중독 예방 교육에 집중하며 사회 정책적인 측면을 대응하는 목회자들의 모임이다. 정기적 예배를 현장에서 드리고 있다.
④ 선교사 파송: 시찰회 소속 18개 교회가 협력하여 선교사 1명을 요르단에 파송하였다.

(4) 교회와 교회 그리고 지역사회 협력 사역

① 해비타트 사역: 무주택 서민들에게 집을 지어주는 기독교 봉사사역이다. 현재 62세대의 집을 지었으며, 지역교회들이 협력할 뿐만 아니라 입주자들과 지역 봉사단체들, 그리고 시청이 협력하여 주거문제 해결에 뛰어들고 있다.
② 카지노 노숙인 밥퍼 사역: 카지노 주변에는 300여 명의 노숙인들이 있다. 이들은 모두 중독자들이며 자살 위험에 노출되어 있는 분들이다. 한 끼의 식사는 희망이기에 주 6회 점심식사를 제공하고 있으며, 지역교회와 봉사 단체들이 서로 협력하여 진행하고 있다.
③ 정신 장애인을 위한 샘가교회: 몇 교회가 협력하고, 회원의 가족과 봉사 단체가 섬긴다.

2) 실천적 전략

(1) 연합 사역은 쉽지 않지만 얼마든지 가능하다.
① 지역 목회자들의 불신을 현실적인 것으로 수용해야 한다.
② 삶으로 불신을 해소해야 한다. 이것은 목회차원의 희생을 기꺼이 감당하는 것이다.
③ 참여의 폭을 계속 넓혀야 한다.
④ 재정의 투명성은 신뢰를 높인다.

(2) 연합 사역이 주는 유익이 참으로 많다.
① 목회자를 살려(치유하여) 하나님의 목회가 되게 한다.
② 교회를 살려(치유하여) 하나님의 교회가 되게 한다.
③ 지역사회(마을)를 살려(치유하여) 지역에서 신뢰받는 교회 공동체가 되게 한다.

(3) 예수님은 연합을 실천하시고, 연합을 명령하신다.
① 하나님과 함께 하시는 예수님(요 14:11)
② 제자들과 함께 하시는 예수님(요 15:7)
③ 제자들이 하나가 되기를 기도하시는 예수님(요 17:21)
④ 성부 성자 성령과 함께하는 제자들(마 28:19-20)

◇ 공동기도문 ◇

평화의 하나님, 우리에게 예수그리스도를 보내셔서 죄의 무거운 짐에서 벗어나게 하시고 예수님의 몸된 교회로 살아갈 수 있도록 인도하셔서 감사합니다. 주님께서 우리에게 허락하신 이 세상에서 우리는 주님의 말씀을 따라 공동체를 이루고 주님의 말씀을 전하며 주님이 몸소 보여주셨던 삶을 따라 살길 원합니다. 주님께서 주시는 참된 평안을 끼치는 우리가 될 수 있도록 하시고 우리 지역, 우리 동네에서 신뢰받고 사랑받는 교회가 될 수 있도록 인도하여 주시옵소서. 우리가 먼저 이웃에게 다가가서 그들이 필요한 것들을 살피고 도울 수 있도록 주님께서 우리의 마음을 채워주시옵소서. 주님의 마음으로 살길 원하오며 예수 그리스도의 이름으로 기도합니다. 아멘.

5장
마을목회와 코이노니아
(성암교회)

> **마태복음 4장 23-25절**
>
> 23 예수께서 온 갈릴리에 두루 다니사 그들의 회당에서 가르치시며 천국 복음을 전파하시며 백성 중의 모든 병과 모든 약한 것을 고치시니 24 그의 소문이 온 수리아에 퍼진지라 사람들이 모든 앓는 자 곧 각종 병에 걸려서 고통당하는 자, 귀신 들린 자, 간질 하는 자, 중풍병자들을 데려오니 그들을 고치시더라 25 갈릴리와 데가볼리와 예루살렘과 유대와 요단 강 건너편에서 수많은 무리가 따르니라

1. 세상 바라보기: 지역은 관심을 요구한다.

오늘 주신 말씀은 예수님의 존재방식과 선교방식을 보여준다. 성경을 보면 예수님께서 그 당시의 세계 상황 속에서 맨 먼저 하신 일은 많은 지역을 돌아다니신 것으로 그리고 있다. 돌아다닌

다는 사실은 많은 부분에서 시사 하는바가 크다.

우리가 살아가면서 교통수단으로 자동차를 많이 사용한다. 재미있는 것은 그렇게 차를 운전하고 혹은 타고 가면서 바라보는 세상과 걸어가면서 보는 세상과는 많이 다르게 보인다는 점이다. 차를 타고 가면서 보는 세상은 스쳐가는 세상이다. 차 안에서 보는 세상은 '스침의 대상'이 된다. 그러나 걸어가면서 보는 세상은 '경험하는 대상'이다. 차를 타고 가면서는 보이지 않던 것들이 구체적으로 우리 눈에 들어오고 걸어가는 것만으로도 차를 타고 지나갈 때는 상상도 할 수 없었던 보다 구체적이고도 실제적인 경험을 하게 된다.

예수님은 많은 지역을 걸어 다니셨다. 성경은 이것을 "두루 다니사"(23절)로 표현한다. 성경에 의하면 적어도 예수님은 성경의 표현만으로도 "갈릴리와 데가볼리와 예루살렘과 유대와 요단강 건너편"(25절)을 다니셨다. 그러면서 예수님은 많은 사람들을 만나셨고 사람들만 만나신 것이 아니라 그의 구체적인 삶과도 만나셨다. 만나시면서 그들에 대한 구체적인 관심을 가지시게 되었고 그들의 필요를 아시게 되었다.

예수님의 특유의 관심과 살피심에 관한 이야기는 성경에서 얼마든지 찾아 볼 수 있다. 예수님은 공중의 새도, 들에 피는 백합화도 살피시고 그것을 통하여 사람들에게 교훈을 주실 정도로 깊은 관심을 가지셨다. 그런 면에서 예수님에게서 우리가 배울 수 있는 분명한 사실은 이 세상을 향한 '관심과 살핌'이다 오늘 지역 사회 속에 존재하는 교회들은 예수님처럼 그렇게 지역 사회와 만나고 있는지 질문해 볼 필요가 있다. 만나고 살피는 일 없이 교회가 지역과 교제를 나눌 수 없다. 교회는 지역에 대하여 '스쳐가는 대상'으로 이해하고 있거나 '존재하는 하나의 그릇'으로만 이해하고 있는 것은 아닌지 스스로에게 물을 필요가 있다. 지역은 교회의 관심과 살핌을 요구한다.

〈질문 1〉 나와 우리 교회는 지역에 대해서 관심을 가지고 있고 살피고 있는가? 있다면 구체적으로 그런 내용을 가지고 나누어 보고 그렇지 못하다면 관심을 가져야할 것과 살필 것에는 어떤 것들이 있는지 나누어 보자.

2. 세상에서 성경으로: 지역을 구체적인 행위로 돌보시는 예수님

(1) 예수님이 하신 행동들(23-24절)
- 다니심: 온 마을에 두루 다니심(23절)
- 가르치심: 회당에서 가르치심(23절)
- 전파하심: 천국 복음을 전파하심(23절)
- 고치심: 백성 중의 모든 병과 모든 약한 것을 고치심(23, 24절)

(2) 예수님의 행동으로 인한 결과(24-25절)

- ▶ 소문이 퍼짐: 온 수리아에 소문이 퍼짐(24절)
- ▶ 수많은 무리가 따름: 갈릴리와 데가볼리와 예루살렘과 유대와 요단강 서편에서 많은 무리가 따름(25절)

교회가 존재하는 이 세상에는 수많은 일들이 일어나고 있다. 성경이 말씀하고 있는바와 같이 약한 자와 병든 자들이 존재하고, 그런 사회 시스템이 존재하고, 그리고 그런 공동체가 존재한다. 성경은 먼저 두 종류를 이야기 한다.

첫째는 '약한 자'이다. 약한 자는 누구인가 도움을 주지 않으면 혼자 스스로 존재하기 어려운 상황에 있는 사람들을 이야기 한다. 그렇다. 이 세상은 반드시 누군가의 도움을 절대적으로 필요로 하는 사람들이 있다. 이런 존재에 대해서는 굳이 도움에 대한 그 이유를 찾을 필요도 없다. 무조건적으로 도와야 하는 대상이다.

두 번째는 '병든 자들'이다. 현재 우리가 살아가는 세상에서는 정신적으로, 육체적으로, 가정적으로, 사회 제도적으로, 그리고 국가적으로 치료되어야 할 부분 존재하는 것이 사실이다. 예수님께서는 개인적으로 그리고 사회적으로 병들어 있는 상황에 대해서 치유적 접근을 하셨다. 많은 문제를 가진 그 당시 사회 속에서 예수님은 고치시는 분으로, 즉 치유자로 존재하셨다.

교회는 에베소서의 말씀대로 예수 그리스도를 머리로 하는 공동체이다. "또 만물을 그의 발 아래에 복종하게 하시고 그를 만물 위에 교회의 머리로 삼으셨느니라. 교회는 그의 몸이니 만물 안에서 만물을 충만하게 하시는 이의 충만함이니라"(엡 1:22-23) 이 말씀을 교회공동체가 그대로 받는다면 예수님이 교회의 머리가 되시니 그의 몸인 교회가 지역 사회에 치유자로 서는 것은 너무나 자연스러운 일이다.

예수님은 단순히 치유자로만 계셨던 것은 아니다. 회당에서 가르치시고 천국 복음을 전하하셨다. 회당에서 예수님은 말씀으로 그들을 가르치셨다. 치유는 단순한 돌봄이라면 가르침을 그들의 삶을 성장시키는 하나의 방법이다. 말하자면 예수님은 말씀을 통해서 그들의 삶에 희망을 주시고, 새롭게 바라보도록 하셨으며, 하나님의 기대를 알게 하셨고, 나아가 그들의 삶이 개선되도록 도우신 것이다. 그런 의미에서 교회는 지역을 좀 더 나은 삶과 길로 안내하는 안내자 역할을 감당해야 한다는 사실을 깨닫게 한다.

예수님은 가르침뿐만 아니라 천국복음을 전파하시는 일을 하신다. 예수 그리스도의 공동체인 교회는 지역의 NGO, 사회복지기관, 지역 활동가, 지역 사회 운동 단체들과 구별되는 점이 있다. 그것은 교회는 천국 복음을 가지고 선포하는 공동체라는 점에서 그렇다. 이 부분에 대해서 교회의 정확한 인식이 필요하다. 지역 사회와 교제하고 지역 사회를 돕는 일들이 포교적 수단이 되어서는 안 되겠지만 그러나 동시에 복음 선포를 완전히 제외시키는 사역만 이루어진다면 그것은 교회의 존재 목적에서 벗어나는 것이라 할 수 있다.

〈질문 2〉 다음의 도표를 채워 보자.

구분		예수님	우리 교회(나)
일 (사역)	23절 (4개)	- 두루 다니심 - 회당에서 가르치심 - 천국 복음 전파 - 모든 병과 약한 것 고치심	* 교회(나)가 실행하고 있는 사역들을 비교하면서 나열해 보자
	24절 (1개)	- 병자들을 고치심	
반응	25절	- 수많은 무리가 따름	* 우리 교회(나)는 지역으로부터 어떤 평가를 받고 있는지 생각해 보자

3. 성경에서 실천으로

1) 지역의 구체적인 사역 개발하기

예수님의 사역을 묵상해 보면 그 지역과 사람들의 필요를 잘 파악하셨던 것으로 보인다. 또 하나의 특징은 예수님의 사역은 자신 중심의 사역이 아닌 예수님과 만나는 사람들 중심의 사역이었다는 점이다. 지역에 들어가서 사람들을 만나시고 그들의 필요를 채워주신 부분이 그 예이다. 그러나 보다 더 분명한 예는 예수님께서 삭개오를 만나시고 그의 집에 유하신 경우이다. 이에 대하여 성경은 이렇게 기록한다.

> 예수께서 그 곳에 이르사 쳐다 보시고 이르시되
> 삭개오야 속히 내려오라 내가 오늘 네 집에 유하여야 하겠다 하시니 급히 내려와 즐거워하며 영접하거늘
> 뭇 사람이 보고 수군거려 이르되
> 저가 죄인의 집에 유하러 들어갔도다 하더라(눅 19:5-7).

삭개오의 이야기는 우리에게 아주 중요한 사실을 하나 가르쳐 준다. 예수님은 삭개오가 어떤 사람인지 아셨다. 삭개오는 분명히 비난받을만한 삶을 살아가고 있었다. 그러나 예수님은 삭개오를 부르시고 그의 삶을 바꾸라고 요구하지 않으셨다, 오히려 예수님은 삭개오를 부르셨고 많은 사람들의 비난을 감수하시면서 그의 집에 들어 가셨다. 이것이 예수님의 방식이었다.

교회가 지역 사회에 접근하고, 만나고, 그리고 교제를 하는 과정에서 종종 실수하는 부분이 있다. 그것은 그들에게 교회의 방식을 따르기를 요구한다는 것이다. 교회의 방식을 놓지 않고 지역사회와 만나려 한다. 예수님과 다른 방식을 취하는 셈이다.

그런 면에서 교회가 지역사회와 관계하는 과정에서 유의해야 할 점은 예수님처럼 지역사회를 관찰하는 것이다. 사회과학적인 방법들이 동원될 수 있다. 적어도 과학적인 방법으로 지역 조

사를 하거나 지역에 관한 조사된 자료들을 참고하는 것은 필수적인 요소라고 할 수 있다. 나아가 교회의 입장에서 지역을 바라보는 시각에 대한 변화가 필요하다. 지역 사회와 관계할 때 교회의 방식을 지나치게 요구하는 관점에 대한 극복이 필요하다.

다행히 마을은 의외로 교회에 대해서 어느 정도의 열린 자세를 가지고 있으며 지역 사회 내에 교회와 함께 할 수 있는 많은 기관들이나 단체들이 존재한다는 것이다. 조금만 눈을 돌리면 그런 대상들이 보이고 길이 보일 수 있다, 교회는 홀로 존재하지 않으며 함께할 수 있는 하나님께서 이미 준비하신 많은 친구들을 이미 가지고 있다.

2) 실제적으로 적용하기

(1) 교회에서 지역 사회를 향해서 하고 있는 사역이 있다면 사역의 원칙을 한번 만들어 보자.

> **예) 바오밥카페의 3불 원칙**
> - 카페에서는 선교적 행위를 하지 않는다. 교회를 소개하는 주보나 홍보물을 가져다 놓거나 교회 음악을 틀어놓지 않는다.
> - 교회의 필요에 의해 카페 장소나 시간을 제한하지 않는다. 교회에서 사용하려면 영업시간 이후에나 가능하다.
> - 교인들에게 우선권을 주지 않는다.

(2) 지역사회를 알아보자.

> ▸ 인구 수
> ▸ 복지 기관 수
> ▸ 교회 수
> ▸ 경제적 지표들
> ▸ 기타 필요한 요소들

* 위에 대한 내용들은 주민 센터나 구청에 가면 알아볼 수 있고 교회 수의 경우는 교우들이 직접 나서서 알아보는 것도 좋은 방법 중의 하나이며 더 많은 내용들을 조사해도 무방하다.

(3) 지금까지의 내용을 통하여 소그룹이 한 가지 사역을 개발해 보자. 다음의 사항들에 대한 논의를 한 후에 개발해 볼 것을 권유한다.

> ▸ 단기 사역(1개월 정도가 적당하다.)
> ▸ 규모의 적절성: 규모가 크지 않도록 주의한다. 쉽게 접근 가능한 사역부터 개발하는 것이 훨씬 효과적이다.
> ▸ 사역의 필요성 검토: 지역이 필요로 하는 사역인지 알아본다.
> ▸ 사역의 최소한 원칙 세우기
> ▸ 접근 가능한 목표 설정

◇ 공동기도문 ◇

사랑과 은혜의 하나님, 주님의 몸된 교회를 통해 마을을 두루 다니며 생명을 심고, 살리는 사역을 할 수 있게 하셔서 감사합니다. 이 사역을 감당할 때 우리의 만족이나 욕심이 아닌 주님의 마음과 뜻을 따르는 지혜를 주시옵소서. 무엇보다 우리 사역이 마을에 설득력을 갖게 하시고, 이런 사역들을 통하여 그들에게 위로와 기쁨과 행복과 희망을 갖게 하여 주옵소서. 우리의 모습이 교만하지 않고 겸손하게 하시며, 지치지 않도록 성령께서 도와 주옵소서. 이런 사역들을 통하여 우리 모두가 그리스도께 더욱 가까이 갈 수 있도록 도와주옵소서. 예수 그리스도의 이름으로 기도합니다. 아멘.

6 장
국경 없는 마을
(나섬공동체)

창세기 45장 5절

당신들이 나를 이곳에 팔았다고 해서 근심하지 마소서 한탄하지 마소서 하나님이 생명을 구원하시려고 나를 당신들보다 먼저 보내셨나이다

요한복음 4장 5-26절

5사마리아에 있는 수가라 하는 동네에 이르시니 야곱이 그 아들 요셉에게 준 땅이 가깝고 6거기 또 야곱의 우물이 있더라 예수께서 길 가시다가 피곤하여 우물곁에 그대로 앉으시니 때가 여섯 시쯤 되었더라 7사마리아 여자 한 사람이 물을 길으러 왔으매 예수께서 물을 좀 달라 하시니 8이는 제자들이 먹을 것을 사러 그 동네에 들어갔음이러라 9사마리아 여자가 이르되 당신은 유대인으로서 어찌하여 사마리아 여자인 나에게 물을 달라 하나이까 하니 이는 유대인이 사마리아인과 상종하지 아니함이러라 10예수께서 대답하여 이르시되 네가 만일 하나님

의 선물과 또 네게 물 좀 달라 하는 이가 누구인 줄 알았더라면 네가 그에게 구하였을 것이요 그가 생수를 네게 주었으리라 11여자가 이르되 주여 물 길을 그릇도 없고 이 우물은 깊은데 어디서 당신이 그 생수를 얻겠사옵나이까 12우리 조상 야곱이 이 우물을 우리에게 주셨고 또 여기서 자기와 자기 아들들과 짐승이 다 마셨는데 당신이 야곱보다 더 크니이까 13예수께서 대답하여 이르시되 이 물을 마시는 자마다 다시 목마르려니와 14내가 주는 물을 마시는 자는 영원히 목마르지 아니하리니 내가 주는 물은 그 속에서 영생하도록 솟아나는 샘물이 되리라 15여자가 이르되 주여 그런 물을 내게 주사 목마르지도 않고 또 여기 물 길으러 오지도 않게 하옵소서 16이르시되 가서 네 남편을 불러 오라 17여자가 대답하여 이르되 나는 남편이 없나이다 예수께서 이르시되 네가 남편이 없다 하는 말이 옳도다 18너에게 남편 다섯이 있었고 지금 있는 자도 네 남편이 아니니 네 말이 참되도다 19여자가 이르되 주여 내가 보니 선지자로소이다 20우리 조상들은 이 산에서 예배하였는데 당신들의 말은 예배할 곳이 예루살렘에 있다 하더이다 21예수께서 이르시되 여자여 내 말을 믿으라 이 산에서도 말고 예루살렘에서도 말고 너희가 아버지께 예배할 때가 이르리라 22너희는 알지 못하는 것을 예배하고 우리는 아는 것을 예배하노니 이는 구원이 유대인에게서 남이라 23아버지께 참되게 예배하는 자들

> 은 영과 진리로 예배할 때가 오나니 곧 이 때라 아버지께서는 자기에게 이렇게 예배하는 자들을 찾으시느니라 24하나님은 영이시니 예배하는 자가 영과 진리로 예배할지니라 25여자가 이르되 메시야 곧 그리스도라 하는 이가 오실 줄을 내가 아노니 그가 오시면 모든 것을 우리에게 알려 주시리이다 26예수께서 이르시되 네게 말하는 내가 그라 하시니라

1. 세상 바라보기

오늘 우리가 사는 세상은 얼마나 빠르게 변화하고 있는가? 우리는 그 변화하는 세상을 세계화와 다문화 시대로 설명한다. 다시 말하면 국경과 경계가 없는 세상이 되고 있다는 말이다. 민족과 국경이 사라지고 있다는 말은 그만큼 우리가 사는 세상이 과거와 달라지고 있다는 의미다. 현재 우리나라에는 다문화 이주민이 약 250만 명 정도가 들어와 살고 있는데 이는 인구의 5%에 달하는 결코 적지 않은 사람들이다. 이주 노동자를 비롯하여 결혼 이민자, 유학생과 난민에 이르기까지 다양한 경로로 들어온 이주민들은 특별히 저출산-초고령 사회로 급속하게 진입하는 우리나라에서 자연스럽게 그만큼의 노동력과 빈 공간을 채우는 대안이 되고 있다. 이들은 우리의 이웃이며 마을 공동체의 소중한 지체들이다. 어떻게 이들과 함께 더불어 살아갈 것인가는 교회와 성도들의

사명이며 의무이다. 이들은 곧 세계선교의 소중한 자산이며 미래 교회의 가장 중요한 구성원들이 되고 있기 때문이다.

성서는 모두 같이 과부와 고아와 나그네를 특별히 배려하고 사랑하라 명령하신다(신명기14:29, 출애굽기22:21). 하나님은 그들을 통하여 세상을 바꾸시고 그들이 곧 하나님 나라의 머릿돌이 되는 사람들이라고 하신다(시편118:22). 하나님께서는 하나님 나라를 나그네와 같은 이들을 통하여 이루어 가시는 것이다. 세계화와 다문화 시대에 맞는 공동체를 이루는 것은 시대정신이며 당연히 만들어가야 하는 새로운 공동체의 모델이다.

이주민 나그네들과 더불어 사는 마을 공동체는 한마디로 국경 없는 마을로 성숙되어야 함이 당연하다. 국경 없는 마을은 안산의 한 작은 마을에서부터 시작하였지만 지금은 전국 어디서나 만날 수 있는 마을 공동체요, 새로운 패러다임이다. 성서의 이야기에서부터 오늘 우리의 현실 속까지 국경 없는 마을의 모델을 찾아보고 그 의미를 삶의 현장에 적용하는 것이 본 장의 중요한 과제다.

2. 세상에서 성경으로

창세기 45장에 나오는 요셉의 고백은 매우 의미심장하다. 요셉은 야곱의 사랑하는 아내 라헬의 아들이며 야곱에게는 열한 번째 아들이었다. 그는 아버지 야곱의 편애를 받아 어릴 적부터 형들의 질투를 받았다. 어느 날 그는 꿈을 꾸게 되었는데 그 꿈은 그의 형들이 모두 그에게 머리를 조아리며 무릎을 꿇는 꿈이었다. 야곱의 편애와 꿈꾸는 요셉에 대한 형들의 시기는 결국 그의 운명을 가른다.

그는 형들에게 시기와 질투를 받아 미디안 장사꾼들에게 팔렸고 애굽의 보디발의 집의 노예가 되었으며, 보디발의 아내로부터 유혹을 받았지만 거절함으로 무고하게 감옥살이까지 하게 된다. 그의 삶은 파란만장한 나그네 인생 그 자체다. 그는 감옥에서 바로의 술 맡은 관원과 조우하고 그의 꿈을 해몽함으로 바로의 꿈까지 풀어내는 기적 같은 만남을 마주하게 된다. 결국 애굽의 총리가 된 요셉은 애굽의 문제는 물론 인근의 가나안으로부터 찾아온 수많은 이들의 가난과 궁핍의 문제까지 해결함으로 구원자의 모습을 보여준다.

그의 삶은 결국 형들을 만나는 본문에서 절정을 이룬다. 그리고 자신을 만나 떨고 있는 형들에게 그는 고백한다. 당신들을 구원하시려고 하나님께서 자신을 나그네로 미리 애굽에 보내신 것이라고 말이다. 그래서 요셉을 구약의 예수 그리스도의 모형이라 부르는 것이다.

이주민 나그네가 되어 모진 고난을 받았지만 그것은 하나님께서 구원을 이루시려는 섭리와 계획이었다고 고백하는 요셉의 고백은 오늘 우리 공동체의 나그네들에게서 들어야하는 고백일

지도 모른다. 하나님은 요셉의 고백을 오늘 우리의 삶의 자리에서 만나는 수많은 이주민 나그네들에게서 듣기를 원하신다. 우리 지역의 나그네들을 섬기는 교회와 성도들에게서 그런 믿음과 섭리가 함께 공감되고 경험되어야 한다. 지금 우리에게 찾아온 이주민 나그네들이 곧 요셉이다. 그들은 요셉처럼 열방과 민족을 구원하기 위하여 먼저 보내심을 받은 이들이다. 언젠가 그들도 요셉처럼 높이 쓰임 받는 날이 올 것이다.

요한복음 4장에서는 예수 그리스도께서 사마리아 여인을 만나 대화하시는 모습이 나오는데 그것은 유대인 청년이 사마리아 여자와 만나는 것이 얼마나 파격적인 것인가를 생각하게 한다. 예수께서 그 많은 의혹과 위험을 감수하시며 나누는 그 극적인 장면이 우리에게 가르쳐 주는 의미는 무엇일까?

특별히 사마리아 여자이며 개인적으로도 무척이나 죄 많은 사람임을 알 수 있는 여인에게 다가 가시는 예수님의 모습은 가슴을 쓸어내리게 하는 혁명적인 사건이다. 모두가 거부하는 사마리아 지역에서 그것도 남편이 다섯이나 된다는 그 문제 많은 여인을 가까이 하시는 것은 위험한 결단이다. 그럼에도 불구하고 예수님은 사마리아 여인에게 복음의 능력을 보여주시기를 주저하지 않으신다. 편견과 차별을 넘어서는 것이 복음의 능력이다.

유대인과 이방인 사이의 한계, 유대인 청년과 이방인 여자 사이의 그 엄청난 간격을 간단하게 뛰어넘어 그 경계를 허무는 그 의미를 어떻게 오늘 우리의 현실에서 나누며 살아갈 수 있을까?

우리는 단일민족국가라는 과거의 이데올로기에서 조금도 벗어나지 못하는 사람들이었다. 역사적으로 이방인들과 더불어 살아본 경험이 없던 사람들이기 때문이다. 그런 이유로 우리는 이방인에 대한 편견과 차별이 유독 강한 민족이다. 하지만 세계화와 다문화 시대를 살아감에 있어 우리의 단일민족국가론은 결코 받아들일 수 없는 것임이 분명하다.

예수님이라면 오늘날 한국교회와 사회를 어떻게 바라보실까? 를 생각하여야 한다. 2000년 전 예수님은 사마리아 여자까지도 품고 사랑하시며 함께 사신 분이시다. 그를 따르는 우리는 당연히 이주민 나그네들을 적극적으로 섬겨야 한다. 그것이 예수님의 제자로서의 삶이다.

우리가 먼저 국경 없는 세상을 만드는 것이 새로운 미래로 나가는 시작이다. 예수님처럼 요셉 같은 이들을 섬겨보자. 그래서 세상을 바꾸고 하나님 나라를 만들어보자.

〈질문 1〉 본문의 말씀 속에 나오는 요셉과 사마리아 여인은 오늘 우리에게 누구인가?

3. 성경에서 실천으로

1) 재한몽골학교와 새로운 세상 만들기

서울시 광진구 광장동에는 국내는 물론 전 세계에서 유일한 재외몽골학교가 있다. 나섬(나그네를 섬기는)공동체에서 1999년에 설립한 '재한몽골학교'의 학생들은 한국에 들어와 노동하며 살아가는 몽골인 근로자들의 자녀들로서 지금은 번듯한 교실에서 몽골교육은 물론 세계화교육과 기독교교육까지 받고 있지만 개교 당시엔 단 8명의 아이들이 작은 지하실을 교실 삼아 한국어와 성경을 배우면서 학교가 시작되었다. 몽골인들은 어디에 가든지 자신의 아이들까지 데리고 이동하는데 이는 유목민의 문화적 특징이기도 하다.

 위 학교가 처음 시작할 당시에는 국내 한국 학교에서 외국인을 받아주지 않았음으로 불가불 나섬공동체가 그 아이들을 돌봐줄 수밖에 없었다. 재한몽골학교는 2018년 현재 300명이 넘는 큰 학교로 성장하였고, 같은 해 학교 부설로 '나섬아시아청소년학교'를 개교하여 아시아의 청소년을 교육하는 새로운 대안학교도 시작하였다. 몽골학교의 학생들은 미래에 한국과 몽골을 이어주는 소중한 다리가 될 것이며, 몽골에 하나님 나라를 확장해가는 사역에 귀하게 쓰임 받게 될 것이다.

 그러나 몽골 아이들을 바라보는 주변의 눈초리는 야속하다.

가난하고 소외된 몽골아이들을 향한 무관심과 차별은 여전하다. 뿐만 아니라 정부와 우리사회도 몽골아이들을 위한 교육에 아무런 관심이 없다. 그러므로 교회가 먼저 나서야 한다. 교회가 세상보다 먼저 몽골아이들을 비롯한 다문화 청소년들의 손을 잡아주고 사랑을 나누어야 한다.

우리 주변의 이주민의 자녀들은 교육과 복지뿐만 아니라 인권과 교육권 모두에서 소외를 당하고 있기 때문이다. 이것이 선교이며 사랑의 실천이고 국경 없는 공동체를 만드는 매우 중요한 사역이다.

2) 호잣트와 판카즈 그리고 하나님 나라

나섬공동체에서 지향하는 선교는 나그네를 순례자로, 순례자를 선교사로 보내는 것이다. 호잣트는 이란에서 온 나그네였다. 그는 우리나라 최초로 종교난민지위를 얻은 사람이기도 하다. 2004년 종교난민지위를 획득한 후 그는 장로회신학대학원을 졸업하고 2013년 목사안수를 받았고 터키의 선교사로 보내심을 받았다. 현재 그는 이슬람 선교의 새로운 모델을 만들고 있다. 그를 처음 교회로 부르신 이는 물론 성령 하나님이시다. 그러나 오늘날 그를 여기까지 인도한 힘은 그리스도인들의 사랑이었다. 한국어 교육을 비롯하여 다양한 선교서비스가 그를 무슬림에서 기독교인으로, 나아가 신학생에서 목사와 선교사로 운명을 바꾸어 놓았다. 하나님은 우리의 사랑의 실천을 통하여 하나님 나라를 확장하신다. 불가능해 보이는 이슬람 선교는 오직 우리의 사랑의 실천으로 가능하다. 이것이 우리가 하나님 나라의 역사를 이루는 통로가 되는 길이다.

또 한 사람이 있다. 판카즈의 고향은 인도 북부 펀잡이며 그는 인도 카스트 계급 중 가장 높은 브라만이다. 그는 어릴 적부터 많은 문제를 일으키는 사고뭉치였던 모양이다. 그는 더 이상 인도에서 버틸 수 없을 정도로 어려운 상황에 직면하였고 곧바로 아무런 연고도 없는 한국을 찾았다. 결국 경기도 포천지역의 외국인 노동자가 되었지만 그곳에서도 여전히 조폭의 우두머리 역할을 하며 오히려 교회에 나가던 인도인 친구들을 훼방하던 사람이었다. 그러나 성령님은 그를 회개케 하셨고 그의 삶을 완전히 바꾸어 놓으셨다. 마치 사울이 바울로 운명을 바꾼 것처럼 그도 그렇게 변화가 되었다. 힌두교에서 기독교인으로 나아가 신학을 공부하여 목사가 되었고 지금은 인도 선교사로 파송을 받기 위해 준비 중에 있다. 이 얼마나 놀랍고 기적적인 일인가? 인도선교는 대단히 어려운 상황이다. 지난 2000년 동안의 인도선교는 말로 설명할 수 없을 정도로 피폐했던 것이 현실이다. 하나님은 인도 선교를 위하여 판카즈를 우리의 이웃으로 보내신 것이다. 그는 인도선교를 위하여 요셉처럼 찾아와 수많은 고난을 통하여 새로운 비전을 갖게 되었다. 그는 인도의 요셉이다. 그와 같은 이들이 우리의 이웃이라면 우리가 어떻게 해야 할까? 우리 곁에 와있는 이주민들이 얼마나 의미 있는 존재들인지를 상상하라. 이것이 선교적 상상력이다.

말씀이 육신이 된 것처럼 우리의 신앙도 실천적인 모습으로 육화(肉化)되어야한다. 육화된 신앙인이 세상을 바꾸고 하나님 나라를 위하여 존귀하게 쓰임 받음을 믿어야 한다. 믿음은 행함이고 말씀은 곧 사랑의 능력으로 실천되어야 한다. 그것이 우리가 예수를 따르는 제자도의 삶이다.

〈질문 2〉 우리 이웃 가운데서 이주민 나그네들이 어떻게 살아가고 있는지를 살펴보자. 그리고 그들의 자녀와 아이들이 얼마나 소외된 상황에서 살고 있는지를 이야기해 보자. 한 걸음 나아가 이주민 나그네들 가운데 하나님 나라를 위하여 쓰임 받게 될 요셉 같은 이들이 있는지 찾아 보자. 그들에게 어떻게 복음을 증거 해야 하는지도 이야기하자. 사랑의 실천이 필요하다면 우리 교회와 마을에서 어떤 프로그램이 가능할지도 고민하고 이야기하자.

〈질문 3〉 우리가 얼마나 이기적인 사람인지를 고백하자. 우리의 이웃으로 찾아온 나그네들을 사랑하지 못했음을 고백하고 왜 어떤 이유로 그들을 차별했는지도 이야기하자. 지금부터 우리 교회가 중심이 되어 나그네들과 함께 더불어 살아갈 새로운 선교적 모델을 만들 수 있도록 고민하고 결단하자.

◇ 공동기도문 ◇

살아계신 하나님 아버지!
지금 우리 주변에는 수많은 이주민 나그네들이 있습니다. 그들은 소외와 차별, 냉대로 인하여 깊은 상처로 아파하고 있습니다. 믿는 자들이 사랑을 실천해야 함에도 우리는 우리만의 이기적인 굴레에서 벗어나지 못하고, 오히려 그들의 마음을 더욱 아프게 할 때가 있었음을 고백하오니 용서하여 주십시오.
하나님께서는 과부와 고아, 나그네 같은 작은 자들을 통하여서도 하나님 나라를 이루어 가시는 줄 믿습니다. 이제부터 우리에게 보내주신 나그네들을 하나님의 사랑으로 따뜻하게 보듬을 수 있게 하옵소서. 우리 마을을 국경 없는 하나님 나라로 만들어 가게 하옵소서. 예수님의 이름으로 기도합니다. 아멘.